마음의 꽃이 피어날 때

마음의 꽃이 피어날 때

김춘식 시집

**색은 화려하지 않지만 그 순간은
소중히 남아 세상을 환히 비춘다.**

꽃의 향은
눈에 보이지 않아도
속삭임으로 다가와 삶에 희망을 꽃피운다.

좋은땅

차례

1. 마음의 꽃 … 6
2. 쉼 … 9
3. 손길 … 12
4. 인자하심 … 14
5. 세미한 음성 … 16
6. 숨결 … 18
7. 질그릇 … 20
8. 지금 … 22
9. 기억 … 24
10. 기도 … 26
11. 생명의 힘 … 28
12. 강령 … 30
13. 삶의 내공 … 32
14. 불씨 … 34
15. 향 … 36
16. 샘물 … 38
17. 숲길 … 40
18. 미래의 문 … 42
19. 마음의 울림 … 44
20. 길 … 46
21. 두드림 … 48
22. 유일한 희망 … 50
23. 과정 … 52
24. 흠 내음 … 54
25. 오늘 … 56
26. 자신감 … 58
27. 감사 … 60
28. 영적 힘 … 62
29. 영혼의 햇살 … 64
30. 생각하며 살라 … 67
31. 예배 … 70
32. 깊은 데로 가라 … 72
33. 고난 … 74
34. 빵과 말씀 … 77
35. 겨자씨 … 80
36. 와 보라 … 82

37. 얼굴 … *84*
38. 영적인 눈 … *86*
39. 두려워 말라 … *89*
40. 막힌 길 … *92*
41. 망대 … *94*
42. 네가 믿느냐 … *96*
43. 속삭임 … *98*
44. 그리 아니하실지라도 … *100*
45. 일어나라 … *103*
46. 박넝쿨의 그림자 … *106*
47. 나눔의 기적 … *109*
48. 너는 내 것이라 … *112*
49. 너희도 가려느냐 … *114*
50. 하늘의 음성 … *117*
51. 지속적인 성장 … *120*
52. 말씀의 힘 … *122*
53. 좋은 땅 … *124*
54. 아버지의 품 … *126*
55. 진정한 가치 … *128*
56. 가치 창출 … *131*
57. 이루라 … *134*
58. 아버지의 뜻 … *136*
59. 행하신 일 … *138*
60. 때와 기회 … *140*
61. 도끼 날 … *142*
62. 손을 내밀라 … *144*
63. 내가 왔다 … *147*
64. 거룩한 노래 … *150*
65. 창조주를 기억하라 … *152*
66. 땀 흘린 자 … *154*
67. 십자가 … *156*
68. 사랑의 힘 … *158*
69. 그날을 준비하라 … *160*
70. 빈 무덤 … *163*
71. 승천 … *165*
72. 내가 속히 오리라 … *167*

1. 마음의 꽃

들판에 피어난 이름 없는 꽃,
아무도 바라봐 주지 않지만
변함없이 자신의 모습을 드러낸다.

그 모습엔 꾸밈도,
치장도 없이
순수함 그 자체가 담겨 있다.

멀리서 날아온 벌들은
꽃향기에 취해 춤추고 노래한다.

사람의 마음도
꽃처럼
가꾸어야 피어난다.

매일 잡초를 뽑고,
가시와 엉겅퀴를 제거하며,
옥토가 되도록 갈고닦는
정성스러운 돌봄의 수고가 있어야 한다.

그렇게 피어난 마음의 꽃은

곁에 있는 이의 마음을 적시고,
지친 하루에 조용한 위로가 된다.

꽃의 향은
눈에 보이지 않아도
속삭임으로 다가와 삶에 희망을 꽃피운다.

꽃의 숨결도
마음과 마음을 이어 주며
서로의 존재를 일깨운다.

색은 화려하지 않지만
그 순간은 소중히 남아
세상을 환히 비춘다.

마음의 꽃은
내면의 빛이 드러난 열매이며,
긍정적인 마음에서 피어난 삶의 색채이고
아름다움의 관계 회복 속에서
깊은 사유의 꽃이 맺은 결실이며,
깨어난 영혼이 맺은 삶의 결정체이다.

선한 말은 꿀송이 같아서 마음에 달고 뼈에 양약이 되느니라(잠 16:24)

죽고 사는 것이 혀의 권세에 달렸나니 혀를 쓰기 좋아하는 자는 그 열매를 먹으리라(잠언 18:21)

경우에 합당한 말은 아로새긴 은 쟁반에 금 사과니라(잠 25:11)

2. 쉼

눈부신 햇살을 맞으며
나는 쉼 없이 달린다.

옆도, 뒤도 돌아보지 않은 채
숨 가쁘게 몸을 다그치며
돌덩이를 부순다.

헐떡이는 숨결 따라
뼈마디는 서로 부딪히며
굉음처럼 울린다.

그러나
잠시 하던 일을 멈추고
나뭇잎 사이로 스쳐 가는 바람결을 느껴 보라.

근심을 내려놓고
청아한 새 울음소리를 들어 보라.

미움과 갈등의 사슬에서 벗어나
햇살이 마음에 깊이 스며드는 것을 느껴 보라.

심령을 파괴하는 탐욕의 칼을 접고
나뭇가지에 매달린 잎을 바라보라.

자연의 일부가 되어
말없이 숨죽이며 풀잎 사이를 걸어 보라.

뉴런도 밤낮없이 일만 하면
배우려는 갈망이 사라지듯,
쉼 없이 달리기만 하면
몸은 기계처럼 반응하지만
마음은 점점 무뎌진다.

쉼은,
내면의 소리에 귀 기울이는 시간,
삶의 방향을 잃지 않기 위해 비움의 시간,
자신을 다시 만나는 경건의 시간,
내일을 위한 다독임의 시간,
삶을 더 깊이 살아가기 위한 숨이다.

여호와는 나의 목자시니 내게 부족함이 없으리로다 그가 나를 푸른 풀밭에 누이시며 쉴 만한 물가로 인도하시는도다 내 영혼을 소생시키시고 자기 이름을 위하여 의의 길로 인도하시는도다 내가 사망의 음침한 골짜기로 다닐지라도 해를 두려워하지 않을 것은 주께서 나와 함께 하심이라 주의 지팡이와 막대기가 나를 안위하시나이다 주께서 내 원수의 목전에서 내게 상을 차려 주시고 기름을 내 머리에 부으셨으니 내 잔이 넘치나이다 내 평생에 선하심과 인자하심이 반드시 나를 따르리니 내가 여호와의 집에 영원히 살리로다(시 23:1~6)

3. 손길

햇살 한 움큼 가슴에 머무는 순간,
차가웠던 대지에
당신의 손길이 있음을 느낀다.

소리 없이 흔들리며 피어난 꽃잎 속에도
당신의 숨결이 머물고 있음을 안다.

삶이 버겁고,
마음에 쉼이 없을 때
누군가 조용히 등을 떠밀어
한 발, 한 발 내딛던 그 순간에도
그 자리에 당신이 계셨음을 깨닫는다.

당신은,
눈에 보이지 않아도,
손으로 만져볼 수 없어도
언제나 나와 함께하셨고,
나의 힘이었고,
나의 벗이었으며,
나의 구원자이셨다.

오늘도,
당신의 의로운 손을 붙잡고
마음에 숲을 만들며
길을 걷는다.

나의 힘이신 여호와여 내가 주를 사랑하나이다 여호와는 나의 반석이시요 나의 요새시요 나를 건지시는 이시오 나의 하나님이시요 내가 그 안에 피할 나의 바위시요 나의 방패시요 나의 구원의 뿔이시요 나의 산성이시로다(시 18:1,2)

4. 인자하심

숨죽이듯 침묵이 흐르는 시간,
살며시 마음의 빗장을 열고
주님의 마음을 조심스레 두드려 본다.

마치
바람결에 소망과 미련이 교차하듯,
메마른 심령 위로
주님의 숨결을 느끼기 위해
떨리는 손끝에 삶의 무게를 모아
간절히 간구한다.

주님의 인자하심이 생명보다 귀하기에
내 평생 주님을 송축하며
내 입술이 주님을 찬양하리이다.

내 삶 속에서 주님을 기억하며
작은 소리로 말씀을 읊조릴 때
주님은 나의 도움이 되셨고
그 날개 그늘 아래에서
내가 즐겁게 노래하리이다.

내 영혼이
주님을 가까이 따를 때,
주님의 두 손이 나를 붙드시며
나를 멸하려 하는 자들은
땅 깊은 곳에 들어가리이다.

오직,
내 길을 주님께 맡기고
그분께 소망을 두고 살면
공의가 정오의 빛처럼 빛날 것이다.

악을 행하는 자들 때문에 불평하지 말며 불의를 행하는 자들을 시기하지 말지어다 그들은 풀과 같이 속히 베임을 당할 것이며 푸른 채소 같이 쇠잔할 것임이로다 여호와를 의뢰하고 선을 행하라 땅에 머무는 동안 그의 성실을 먹을 거리로 삼을지어다 또 여호와를 기뻐하라 그가 네 마음의 소원을 네게 이루어 주시리로다 네 길을 여호와께 맡기라 그를 의지하면 그가 이루시고 네 의를 빛 같이 나타내시며 네 공의를 정오의 빛 같이 하시리로다(시 37:1~6)

5. 세미한 음성

여명이 소리 없이 다가와
가슴을 쓰다듬는 순간,
마음의 창문을 연다.

아무런 흔적도 없는 창공을 바라보며
삶의 모습을 그리며
숨결처럼 고요한 마음의 바다에
잔잔한 파문을 남긴다.

경건은
기다림의 연속이며
긴 고독의 시간이고
내 속의 가시를 제거하며
나를 나 되게 만드는 과정이다.

어쩜,
삶의 질고를 지고
미지의 세계로 걸어가는 순례자의 모습이며,
끝없는 질문에 답을 찾기 위한
비우는 투쟁이고
하나님의 형상을 회복하는 씨름이다.

그렇게
긴 경건의 시간 속에서
삶의 가치를 배우고,
어둠 속에서 빛을 발견하며,
하나님과 더 깊은 교제를 나누고,
내면의 평안과 만족을 누리며,
광야에서 세미한 음성을 듣는다.

여호와께서 이르시되 너는 나가서 여호와 앞에서 산에 서라 하시더니 여호와께서 지나가시는데 여호와 앞에 크고 강한 바람이 산을 가르고 바위를 부수나 바람 가운데에 여호와께서 계시지 아니하며 바람 후에 지진이 있으나 지진 가운데에도 여호와께서 계시지 아니하며 또 지진 후에 불이 있으나 불 가운데에도 여호와께서 계시지 아니하더니 불 후에 세미한 소리가 있는지라 (왕상 19:11,12)

6. 숨결

고요한 새벽,
모두가 숨죽인 그 순간,
주님께 마음의 문을 연다.

따스한 사랑의 빛이
어두운 방을 밝혀
포근히 감싸 준다.

정적이 흐르는 순간,
가슴 깊이 스며드는
주님의 숨결을 느껴 본다.

그것은
사랑의 손길이며,
위로와 치유의 기운이며,
은혜의 강물이다.

세상은
여전히 암흑 속에서 길을 잃고,
정신적으로 공허하며,
고뇌 속에 방황한다.

그러나
그 숨결은
삶의 힘이 되어
바람을 따라 걷게 하고
빛을 따라 웃게 하며
흐르는 눈물마저 닦아 주시면서
어둠 속에 빛이 되게 하신다.

여호와는 네게 복을 주시고 너를 지키시기를 원하며 여호와는 그의 얼굴을 네게 비추사 은혜 베푸시기를 원하며 여호와는 그 얼굴을 네게로 향하여 드사 평강 주시기를 원하노라 할지니라 하라(민 6:24~26)
이는 보좌 가운데에 계신 어린 양이 그들의 목자가 되사 생명수 샘으로 인도하시고 하나님께서 그들의 눈에서 모든 눈물을 씻어 주실 것임이라(계 7:17)

7. 질그릇

아침 햇살을 바라보며
내 안에 작은 불빛이 타오른다.
바람 앞에 흔들려 꺼질 듯해도
끝내 소멸되지 않는다.

거대한 폭풍에도 흔들리지 않고
눈보라 치는 날에도 꺼지지 않는
믿음의 등불을 안고 걷는다.

넘어질 듯 넘어지지 않고
포기할 듯 포기하지 않으며
사방에 욱여쌈을 당해도 싸이지 아니하며
거꾸러뜨림을 당해도 망하지 않는 것은
보배로운 질그릇 때문이다.

오늘도
아무것도 없는 것 같지만
모든 것을 가진 자로서
가야 할 길을 묵묵히 걷는다.

인생은 강물처럼 흐르고

시간은 바람처럼 스쳐 가지만,
마음 한 켠에 자리 잡은 질그릇은
믿음과 소망과 사랑으로 가득 채워,
세월을 담고,
아픔을 담고,
꿈을 담아
나를 빚는다.

    우리가 이 보배를 질그릇에 가졌으니 이는 심히 큰 능력은 하나님께 있고 우리에게 있지 아니함을 알게 하려 함이라 우리가 사방으로 욱여쌈을 당하여도 싸이지 아니하며 답답한 일을 당하여도 낙심하지 아니하며 박해를 받아도 버린 바 되지 아니하며 거꾸러뜨림을 당하여도 망하지 아니하고 우리가 항상 예수의 죽음을 몸에 짊어짐은 예수의 생명이 또한 우리 몸에 나타나게 하려 함이라(고후 4:7~10)

    여호와여, 이제 주는 우리 아버지시니이다 우리는 진흙이요 주는 토기장이시니 우리는 다 주의 손으로 지으신 것이니이다(사 64:8)

8. 지금

나는 바람에 소리 없이 퍼져 가는
꽃향기 따라 걷는다.

마음의 열정으로 걷는 길에
희망이 묻어난다.

햇살은
말없이 마음을 감싸고,
바람은
부드럽게 하나님의 속삭임을 실어 나른다.

강은
모진 비바람을 견디고도
결국
바다를 향해 나아가야 한다는 것을 안다.

육체도,
흐르는 세월을 붙잡으려 해도
붙잡을 수 없고
토담집처럼
소리 없이 무너져 간다는 것을 안다.

그래서
생의 마지막 점을 찍기 전에
지금 이 순간이 가장 귀하다.

오늘을 산다는 것은
무한 속에 유한을 껴안는 일,
그림자가 아닌 본질을 찾아가는 일,
미완성된 퍼즐을 완성해 가는 일,
주어진 시간에 가치를 남기는 일이다.

　주께서 사람을 티끌로 돌아가게 하시고 말씀하시기를 너희 인생들은 돌아가라 하셨사오니 주의 목전에는 천 년이 지나간 어제 같으며 밤의 한 순간 같을 뿐임이니이다 주께서 그들을 홍수처럼 쓸어가시나이다 그들은 잠깐 자는 것 같으며 아침에 돋는 풀 같으니이다 풀은 아침에 꽃이 피어 자라다가 저녁에는 시들어 마르나이다 우리의 연수가 칠십이요 강건하면 팔십이라도 그 연수의 자랑은 수고와 슬픔뿐이요 신속히 가니 우리가 날아가나이다(시 90:3~10)

9. 기억

어느덧 메마른 가지에 생기가 돌고
바람이 스치고 간 자리마다
푸른 잎이 돋아나고
잎들은 서로서로 노래하면서
생명의 신비로움을 불러일으킨다.

바람에 몸을 싣고 여기저기 떠돌다가,
한 줌 흙 위에 내려앉은 작은 씨앗이
햇살을 만나고 비를 만나면서
눈부시도록 아름다운 생명의 꽃을 피워 낸다.

누구의 도움이나 보살핌도 없이
스스로 힘겹게 키워 낸 꽃들은
서로가 서로를 의지하면서
서툰 숨결로 노래 부르고
흔들림 속에서도 본연의 모습을 잃지 않는다.

꽃의 모양이 조화로울수록
꽃의 향이 짙어질수록
꽃의 색깔이 절정에 달할수록
창조주의 솜씨에 눈물을 흘린다.

그 순간,
분주한 삶에 치어
잊고 지낸 약속들이
나뭇잎 끝에 매달려
여호와를 기억한다.

  너는 청년의 때에 너의 창조주를 기억하라 곧 곤고한 날이 이르기 전에 나는 아무 낙이 없다고 할 해들이 가깝기 전에 해와 빛과 달과 별들이 어둡기 전에 비 뒤에 구름이 다시 일어나기 전에 그리하라 (전 12:1,2)

10. 기도

삶이 무게에 짓눌려 지쳐 있을 때,
깊은숨을 내쉬며
기지개를 켜는 순간,
어디선가 고요히 스며드는 기도 소리가
잠자는 영혼을 깨운다.

그 순간,
마음에 살포시 찾아온 기도는
풀잎 위에 맺힌 이슬처럼
내적 심상에 자양분이 되어
거친 돌밭에서 움튼 새싹처럼
청춘의 푸르름을 되살린다.

기도는,
나와 하나님 사이의 가장 깊은 대화이며,
하나님과의 관계 속에서 나 자신을 발견하고,
하나님의 뜻에 내 삶을 맞추어 가는 과정이며,
하나님과의 친밀함을 쌓는 연속이다.

또한,
현실의 땀방울이며,

책임과 의무를 다하는 것이고,
열정과 소명으로 사는 것이며,
삶의 열매를 맺는 것이자,
하루의 가치를 일깨우는
영혼의 희락이다.

조금 나아가사 얼굴을 땅에 대시고 엎드려 기도하여 이르시되 내 아버지여 만일 할 만하시거든 이 잔을 내게서 지나가게 하옵소서 그러나 나의 원대로 마시옵고 아버지의 원대로 하옵소서(마 26:39)

너희가 내게 부르짖으며 내게 와서 기도하면 내가 너희들의 기도를 들을 것이요 너희가 온 마음으로 나를 구하면 나를 찾을 것이요 나를 만나리라(렘 29:12,13)

11. 생명의 힘

길가에 피어난 꽃은
누가 꺾어도 아프다 하지 않고
소리 없이 다시 피어난다.

화려하지도,
눈부시지도,
매력적이지도 않으면서
불볕더위 속에서도
불평 한마디 없이 자리를 지킨다.

무엇에게도
기대지 않고
아첨하지도
비굴하지 않으며
오직 햇살의 기운만 갈망하며
자신의 존재감만 드러낸다.

바람이 불어도 넘어지지 않고
균형과 감각으로
감정을 다스리며
강인함을 드러낸다.

생명의 힘이란,
부서지는 것이 아니라
다시 일어날 줄 아는 것이며,
무기력한 모습이 아니라
자신의 색깔을 드러내며
모든 것을 할 수 있는 추진력이다.

    예수께서 그들을 보시며 이르시되 사람으로는 할 수 없으나 하나님으로서는 다 하실 수 있느니라(마 19:26)
    내게 능력 주시는 자 안에서 내가 모든 것을 할 수 있느니라(빌 4:13)
    주 여호와여 주께서 큰 능력과 펴신 팔로 천지를 지으셨사오니 주에게는 할 수 없는 일이 없으시니이다(렘 32:17)

12. 강령

고요한 숲길을 홀로 걸을 때,
나뭇가지 사이로
속삭이듯 들어오는 소리가
마음의 숨소리마저 멈추게 한다.

그 소리는 말한다.
"네 마음을 다하고, 목숨을 다하고, 뜻을 다하여, 주 너의 하나님을 사랑하라."
그리고,
"네 이웃을 네 자신같이 사랑하라."

어쩌면
가장 먼저 자기 자신부터 사랑하고
그다음 이웃을 사랑할 때
진심으로 하나님을 사랑할 수 있다는 의미이다.

자신을 사랑한다는 것은
남 탓하지 않고
남의 허물을 덮어 주며
나의 아픔과 상처, 실수를 있는 그대로 품고
작은 성취에도 스스로 칭찬하며

사랑 주는 존재로 살아가는 것이다.

그럴 때
비로소 이웃을 아끼고 사랑할 수 있으며,
마음과 정성과 뜻을 다해 하나님을 사랑하게 된다.

이제는
사소함에서 벗어나,
삶의 무게를 온전히 껴안고
미래의 산을 바라보며
자신을 소중히 여기고
사랑하며 살아가야 한다.

예수께서 이르시되 네 마음을 다하고 목숨을 다하고 뜻을 다하여 주너의 하나님을 사랑하라 하셨으니 이것이 크고 첫째 되는 계명이요 둘째도 그와 같으니 네 이웃을 네 자신같이 사랑하라 하셨으니 이 두 계명이 온 율법과 선지자의 강령이니라(마 22:37~40)

13. 삶의 내공

새벽녘,
눈 덮인 산은 말이 없고
솜사탕 같은 눈발은 모든 것을 품는다.

아무도 걷지 않은 눈길을
한 발짝, 한 발짝 내디딜 때마다
삶의 흔적이 각인되어 선명하게 남는다.

어디선가 불어온 눈보라는
매섭게 옷깃을 스치며 가슴을 움츠리게 하지만
정상을 향한 열정은 식을 줄 모른다.

나무 위에 피어난 눈꽃은
녹을 줄 모르고
발밑의 눈은 시간을 멈추게 한다.

오르면 오를수록
경이로운 세계가 펼쳐지며
하늘이 점점 가까워진다.

길은 미끄럽고 험하지만

어느덧 정상에 올라
자연의 위대함 앞에 겸손해지며
삶의 내공을 키워 본다.

내공이란,
상처 없는 삶이 아니라
상처를 품고 미소 지을 줄 아는 용기이며,
분노를 억누르는 힘이 아니라
이해로 녹여 내는 지혜이며,
실패 앞에서의 절망이 아니라
인내로 이겨 내는 의지이며,
소리 내지 않아도
깊은 울림을 전하는 것이다.

우리가 선을 행하되 낙심하지 말지니 포기하지 아니하면 때가 이르매 거두리라 (갈 6:9)

14. 불씨

강렬한 빛이 쏟아지는 날
그 빛에 마음을 맡기고
희망의 열정을 노래한다.

햇살이 구름 뒤에 숨어 있어도
그 빛이 사라지지 않듯
열정 또한 마음속 생명의 불씨가 되어
쉬지 않고 타오른다.

그것은
여름철의 강렬한 햇살도,
장마철의 거대한 폭풍우도,
계절을 바꾸는 세월조차도
막지 못한다.

사소한 문제에 발목 잡혀 시간을 낭비하지 않고
부질없는 것에 인생을 허비하지 않으며
나이가 들수록 더 높은 곳을 바라보며
소유가 아닌 존재의 불씨로 살아간다.

행복의 불씨.

관계의 불씨,
믿음의 불씨,
꿈의 불씨는
내가 만들어 간다.

오늘도,
주님께 삶의 길을 맡기면서
불씨를 키워 간다.

이스라엘이여 너는 행복한 사람이로다 여호와의 구원을 너같이 얻은 백성이 누구냐 그는 너를 돕는 방패시요 네 영광의 칼이시로다 네 대적이 네게 복종하리니 네가 그들의 높은 곳을 밟으리로다(신 33:29)
사람이 마음으로 자기의 길을 계획할지라도 그의 걸음을 인도하시는 이는 여호와시니라(잠 16:9)

15. 향

세상은 고요히 잠들어 있고
샛별만이 조용히 길을 비춘다.

걸음 소리에 깨어난 꽃들은
삶의 희망을 노래하고,
포근한 아침 햇살은
행복의 날개를 펴게 한다.

연한 새순은
살며시 영적 눈을 뜨게 하고
거리에 피어난 꽃봉오리는
마음의 빗장을 풀게 한다.

꽃잎 속에 숨은 향은
소리 없이 다가오는
사랑의 미소이고,
조용히 가슴속 숨결을 깨우는
기도의 향이다.

그 향은,
삶이 지칠 때

기쁠 때
외로울 때
감사할 때
한 줄기의 빛이 되어
걸어가는 길을 윤택하게 만든다.

그것은,
초월적인 존재와 마음을 나누는 행위이며,
자신의 내면을 진실하게 드러내는 영적인 대화이고,
인간의 한계를 넘어 존재를 향한 갈망이며,
위로와 힘을 얻는 통로이다.

    너는 내게 부르짖으라 내가 네게 응답하겠고 네가 알지 못하는 크고 은밀한 일을 네게 보이리라(렘 33:3)
    만물의 마지막이 가까이 왔으니 그러므로 너희는 정신을 차리고 근신하여 기도하라(벧전 4:7)
    향연이 성도의 기도와 함께 천사의 손으로부터 하나님 앞으로 올라가는지라(계 8:4)

16. 샘물

햇살 가득 머금고 찾아와
살며시 전해지는 마음.

아무런 말 한마디 건네지 않아도
따뜻한 사랑이 느껴진다.

생기가 가슴속에 포근히 스며들고,
햇살은 살포시 영혼을 감싸며
사랑으로 물든 땀은
서린 몸짓으로 노래한다.

얼굴의 환한 미소는
세상의 차가움을 녹이고,
마음의 숨결은
신비로운 풍경화로 피어나며,
옥처럼 순수한 손길은
뜻밖의 선물로 마음을 품는다.

그런 마음은
삶의 지경을 넓히고
물 댄 동산처럼

물이 끊어지지 않는 샘물 같다.

선물은,
나눔이고
관심이며
사랑이고
연결이다.

    너그러운 사람에게는 은혜를 구하는 자가 많고 선물 주기를 좋아하는 자에게는 사람마다 친구가 되느니라(잠 19:6)
    여호와가 너를 항상 인도하여 메마른 곳에서도 네 영혼을 만족하게 하며 네 뼈를 견고하게 하리니 너는 물 댄 동산 같겠고 물이 끊어지지 아니하는 샘 같을 것이라(사 58:11)
    내가 주는 물을 마시는 자는 영원히 목마르지 아니하리니 내가 주는 물은 그 속에서 영생하도록 솟아나는 샘물이 되리라(요 4:14)

17. 숲길

일상의 분주한 삶에서 잠시 일손을 멈추고
반가운 사람과 손을 붙잡고
마음을 나누며 숲길을 걷는다.

계절마다 옷을 갈아입고
눈과 비, 햇살을 다 받아 내며
짙푸르게 단장한 자연은
지친 영혼을 위로하고 심신을 달래 준다.

바람은
삶의 무게를 날려 보내고
새들의 합창 소리는
발걸음을 가볍게 하며
폭포수는
햇살과 어우러져 생명의 기운을 쏟아 낸다.

다람쥐의 친근함에
자연도 침묵하고
계곡물은
마음을 따라 고요히 흐른다.

흙냄새, 풀 냄새, 꽃 냄새가 어우러져
서로의 마음이 돌단을 쌓듯
행복이 차곡차곡 쌓여 간다.

그 깊은
정과 사랑 그리고 추억을
돌 위에 새기며
자연의 경이로움 앞에
삶의 깊은 영감을 느낀다.

여호와여 주께서 하신 일이 어찌 그리 많은지요 주께서 지혜로 그들을 다 지으셨으니 주께서 지으신 것들이 땅에 가득하니이다(시 104:24)

그가 구름으로 하늘을 덮으시며 땅을 위하여 비를 준비하시며 산에 풀이 자라게 하시며 들짐승과 우는 까마귀 새끼에게 먹을 것을 주시는도다(시 147:8,9)

창세로부터 그의 보이지 아니하는 것들 곧 그의 영원하신 능력과 신성이 그가 만드신 만물에 분명히 보여 알려졌나니 그러므로 그들이 핑계하지 못할지니라(롬 1:20)

18. 미래의 문

밤하늘의 반짝이는 별처럼
꿈도 빛나고 있다.
아직 닿을 순 없지만
삶의 열정을 타오르게 한다.

매일 조금씩 자라나는 꿈,
조금씩 더 가까워진 내일,
비록 힘들어도 다시 용기를 내어
그 꿈을 그려 본다.

역경의 파도가 몰아쳐도
두렵지 않고
어둠의 그림자가 가로막아도 괜찮다.

인생은 파도타기이기에
긴장의 끈을 놓지 않고
나만의 꿈을 향해 전율을 즐기리라.

요셉은 꿈이 있었기에
절망 중에도 포기하지 않고
위기를 기회로 바꾸며

한 나라의 총리 되어
원수마저 사랑으로 녹였다.

꿈이 현재를 이끈다는 것을 알기에,
가슴에 새로운 빛을 안고
미래의 문을 연다.

    요셉이 그들에게 이르되 두려워하지 마소서 내가 하나님을 대신하리이까 당신들은 나를 해하려 하였으나 하나님은 그것을 선으로 바꾸사 오늘과 같이 많은 백성의 생명을 구원하게 하시려 하셨나니 당신들은 두려워하지 마소서 내가 당신들과 당신들의 자녀를 기르리이다 하고 그들을 간곡한 말로 위로하였더라 (창 50:19~21)

19. 마음의 울림

보랏빛으로 단장하고 피어난 꽃
조용한 속삭임으로 다가온다.

눈에 보이지 않아도
향기로 존재감을 드러내며
그리움으로,
설렘으로,
마음에 울림으로
영혼의 길을 밝힌다.

한 송이 한 송이 피어날 때마다
삶이 흔적을 적시고
소중한 추억을
기억 속에 맴돌게 한다.

말없이 피어나는 꽃은
지울 수 없는 사랑처럼
언제나,
골짜기의 포도 향처럼
가시나무의 백합화처럼
은은히 다가와

마음에 울림으로 자리 잡는다.

마음에 울림은
내면에 잠들어 있던 감정과 상상을 깨우며
외면했던 상처를 어루만져 주고
무뎌졌던 감각을 되살리며
삶을 더 풍요롭고 깊게 만든다.

    나의 사랑하는 자가 내게 말하여 이르기를 나의 사랑, 내 어여쁜 자야 일어나서 함께 가자 겨울도 지나고 비도 그쳤고 지면에는 꽃이 피고 새가 노래할 때가 이르렀는데 비둘기의 소리가 우리 땅에 들리는구나 무화과나무에는 푸른 열매가 익었고 포도나무는 꽃을 피워 향기를 토하는구나 나의 사랑, 나의 어여쁜 자야 일어나서 함께 가자(아 2:10~13)

20. 길

인생의 길은
미로처럼 복잡하여
하루하루
선택하며 걸어야 한다.

누구의 시선에도 흔들리지 않고
누구의 이끌림에도 따라가지 않고
마음의 빛을 따라 걷는다.

길의 여정에
역경이 기다리고 있다 해도
어둠 속에서
길을 찾지 못해 헤맨다 해도
멈추지 않는다.

길이 없으면
새로운 길을 내고
잘못된 길이라면
다시 돌아가면 된다.

실패를 뒤로하고
벅찬 숨을 내쉬며

다시 세 겹줄을 붙잡는다.

자신의 내면의 힘을 믿고
새로운 세계를 향해
마음의 힘을 모은다.

상상만으로도 가슴이 뛰며
꿈이 현실이 된 듯 감격에
길을 재촉한다.

그 걸음이 더디다 해도
그 길이 바로 내 삶이기에
오늘도
나만의 길을 걷는다.

    한 사람이면 패하겠거니와 두 사람이면 맞설 수 있나니 세 겹줄은 쉽게 끊어지지 아니하느니라(전 4:12)
    너는 범사에 그를 인정하라 그리하면 네 길을 지도하시리라(잠 3:6)
    사람이 마음으로 자기의 길을 계획할지라도 그의 걸음을 인도하시는 이는 여호와시니라(잠 16:9)
    주의 말씀은 내 발에 등이요 내 길에 빛이니이다(시 119:105)

21. 두드림

빛이 있기에
사물을 보고,
색을 인식하며,
공간을 이해하게 된다.

빛은
생명체의 에너지를 공급하는 원천이며
면역력과 정신 건강을 유지하는 힘이다.

인생도
자신의 빈 그릇을 빛으로 채우고,
돌을 들추며
바람을 가르며
삶의 조각을 모으기 위해서는
구하고,
찾고,
두드리는 과정이 필요하다.

구함 속에는
삶의 이유가 있고,

찾음 속에서는
숨겨진 보화를 발견하며,

두드림 속에서는
꿈 너머의 세계를 경험한다.

마음에
빛을 품고
하루하루를 감사로 채우며,
나만의 속도로,
나눔의 풍경을 그릴 때
두드림의 기적이 일어난다.

    구하라 그리하면 너희에게 주실 것이요 찾으라 그리하면 찾아낼 것이요 문을 두드리라 그리하면 너희에게 열릴 것이니 구하는 이마다 받을 것이요 찾는 이는 찾아낼 것이요 두드리는 이에게는 열릴 것이니라
(마 7:7,8)

22. 유일한 희망

흔들리는 가지에 매달린 나뭇잎이
가던 길을 멈추게 하고,
길 위에 남겨진 발자국은
지난 세월을 돌아보게 한다.

어디까지 왔는가?
어디를 향해 가는가?
무엇을 위해 살 것인가?

마음의 문을 닫고,
무관심과 경쟁 속에 내몰린 시대,
마음조차 의지할 곳도,
도움받을 곳도 없는 치열한 생존 게임.

감정과 사랑이 메말라 가고
견고한 울타리만 치는 가운데
하나님의 성품이 깃든
생명마저 천시받는 시대.

사랑은
크고 거창한 데서 오는 것이 아니라,

누군가에게 건네는 포근한 미소,
다정한 말 한마디,
아픔을 어루만지는 따뜻한 손길,
이웃을 품는 후덕한 마음에 있다.

그 힘은
메마른 가지에 새순을 돋게 하고
굳은 마음에 생명의 꽃을 피우며
사람이 사람답게 살아가는
유일한 희망이다.

    사랑은 오래 참고 사랑은 온유하며 시기하지 아니하며 사랑은 자랑하지 아니하며 교만하지 아니하며 무례히 행하지 아니하며 자기의 유익을 구하지 아니하며 성내지 아니하며 악한 것을 생각하지 아니하며 불의를 기뻐하지 아니하며 진리와 함께 기뻐하고 모든 것을 참으며 모든 것을 믿으며 모든 것을 바라며 모든 것을 견디느니라(고전 13:4~7)

23. 과정

푸른 옷으로 곱게 차려입고
신비로운 자태를 뽐내며,
숲길을 걷자고 손짓한다.

일상의 시간을 잠시 멈추고,
솔잎 향기에 취해 발걸음을 내딛는 순간
따스한 기운이 온몸을 감싼다.

자연의 생동감에 취해
바람을 벗 삼아 노래 부르며,
엄마 품에 안긴 듯한 포근함을 느껴 본다.

여기저기 솟은 돌부리는
쉽게 오르지 못하게
몸과 마음을 지치게 하지만,
이름 없이 피어난 들꽃들이
조용히 힘내라며 기도한다.

그 소리에 이끌려
정상에 오르는 순간
세상은 정복하는 것이 아니라

껴안는 것임을 느끼게 된다.

그리고
삶이란
목적도 중요하지만
과정의 소중함을 잊지 말라고,
소소한 것들이 하나둘 쌓여
미래의 너를 이룬다고.

이는 내 생각이 너희의 생각과 다르며 내 길은 너희의 길과 다름이니라 여호와의 말씀이니라 이는 하늘이 땅보다 높음 같이 내 길은 너희의 길보다 높으며 내 생각은 너희의 생각보다 높음이니라 이는 비와 눈이 하늘로부터 내려서 그리로 되돌아가지 아니하고 땅을 적셔서 소출이 나게 하며 싹이 나게 하여 파종하는 자에게는 종자를 주며 먹는 자에게는 양식을 줌과 같이 내 입에서 나가는 말도 이와 같이 헛되이 내게로 되돌아오지 아니하고 나의 기뻐하는 뜻을 이루며 내가 보낸 일에 형통함이니라 (사 55:8~11)

24. 흙 내음

비 그친 산길 위로
햇살이 남긴 영롱한 흔적.
한 줄기 빗방울은
초록의 존재를 다시 태어나게 하고,
그 안에 감도는 생명의 기운은
삶의 본질을 말없이 드러낸다.

눈은 맑아지고,
그 맑음 속에서 신비의 장막을 걷는다.

멀리서 들려오는 폭포의 음률은
마음에 쌓인 시간의 먼지를 털어 내고,
흐르는 물은 세례식처럼 나를 비춘다.

햇살이 머문 자리에
풀잎과 잎사귀는
영혼의 생기를 불어넣는다.

그 푸른 한 줌은
영적 세계의 눈을 열어
보이지 않는 것을 보게 한다.

흙 내음은
잠든 씨앗 곁에서
조용히 숨을 고르며
걷는 이의 마음을 사로잡고,
마음의 평안함이 깃든다.

　평안을 너희에게 끼치노니 곧 나의 평안을 너희에게 주노라 내가 너희에게 주는 것은 세상이 주는 것과 같지 아니하니라 너희는 마음에 근심하지도 말고 두려워하지도 말라(요 4:27)
　서로 마음을 같이하며 높은 데 마음을 두지 말고 도리어 낮은 데 처하며 스스로 지혜 있는 체하지 말라 아무에게도 악을 악으로 갚지 말고 모든 사람 앞에서 선한 일을 도모하라 할 수 있거든 너희로서는 모든 사람과 더불어 화목하라(롬 12:16~18)
　오직 성령의 열매는 사랑과 희락과 화평과 오래 참음과 자비와 양선과 충성과 온유와 절제니 이 같은 것을 금지할 법이 없느니라(갈 5:22,23)

25. 오늘

새벽,
창문을 열고 하루를 시작한다.
찬 공기가 기다렸다는 듯
가슴속으로 스며들어
에너지를 채운다.

오늘은
낙관적인 날도,
비관적인 날도,
가치 있는 날도,
무의미한 날도 될 수 있다.

누구를 원망하지도,
자신을 비관하지도 말라.
목숨을 위해 무엇을 먹을까, 마실까,
몸을 위해 무엇을 입을까 염려하지도 말라.

공중에 날아가는 새를 보라.
날개엔 바람,
가슴엔 노래,
눈엔 먹잇감을 찾아 열심히 수고한다.

들에 피어난 이름 모를 풀꽃도
밤새워 진액을 짜며
햇살에 웃고,
바람에 춤추는 가운데
솔로몬의 영광보다 다 아름답게 피어난다.

인생의 행복은
오늘에 달려 있다.
지금이 바로
내 인생 최고의 날임을 기억하며
내일 일은 내일이 염려하라.

너희는 먼저 그의 나라와 그의 의를 구하라 그리하면 이 모든 것을 너희에게 더하시리라 그러므로 내일 일을 위하여 염려하지 말라 내일 일은 내일이 염려할 것이요 한 날의 괴로움은 그날로 족하니라 (마 6:33,34)

26. 자신감

말없이 내민 손끝에
사랑 한 줌 담겨 있다.

삶에서 가장 부드러운 온기는
이성의 틀을 넘어 다가와
그 무엇도 강요하지 않고
따뜻한 사랑으로 기다리며,
애틋한 마음으로 지지하면서
현실의 삶을 헤쳐 가라 하신다.

모진 풍파 속에도 미소를 잃지 않고,
모든 슬픔을 껴안은 채
기적을 행하시면서,
자존감과 자신감을 가지고 사려고 하신다.

길을 잃고 방황할 때면
언제나 곁에서 빛이 되어 주시고,
"바라보는 대로 이루어진다" 하시며
그 존재 자체로 의미를 깨닫고
준비된 자에게 기회가 온다는 기대감으로
또 하나의 목표를 향하라 하신다.

그분은 바로,
제자들이 풍랑의 위기에 있을 때
즉시 바다 위를 걸어오셔서
위기를 극복하게 하신 분,

하나님과 본체이시지만
그 모든 권한을 포기하시고
종의 모습으로 오셔서
십자가에 죽으신
사랑의 주님이시다.

배가 이미 육지에서 수 리나 떠나서 바람이 거스르므로 물결로 말미암아 고난을 당하더라 밤 사경에 예수께서 바다 위로 걸어서 제자들에게 오시니 제자들이 그가 바다 위로 걸어오심을 보고 놀라 유령이라 하며 무서워하여 소리 지르거늘 예수께서 즉시 이르시되 안심하라 나니 두려워하지 말라(마 14:24~27)

27. 감사

힘겨운 발걸음을 옮기면서도,
환한 미소로 반갑게 화답하며
말없이 전한 작은 감사의 몸짓.

자신의 선행이 드러날까 염려한 듯,
조용히 왔던 길을 서둘러 떠나는
한 여인의 뒷모습에서
감사의 진정한 의미를 되새긴다.

모든 것을 잃어버린 순간에도,
돌이킬 수 없는 늪에 빠졌을지라도,
끝이 보이지 않는 어두운 터널 속에서도
절망 대신
감사의 힘으로 견디며 나아간다.

진정한 감사란
어떤 조건도 바라지 않은 채
마음 깊은 곳에서 삶을 윤택하게 하는 것,

비록 삶이 풍요롭지 않더라도
긍정의 힘으로 살게 하는 비결,

사소한 것에서 가치를 찾고
더 깊게 바라보는 시각,

자신의 마음을 풍요롭게 하여
세상을 더 따뜻하게 이끌어 가는 기운이다.

　아무것도 염려하지 말고 다만 모든 일에 기도와 간구로 너희 구할 것을 감사함으로 하나님께 아뢰라(빌 4:6)
　그러므로 너희가 그리스도 예수를 주로 받았으니 그 안에서 행하되 그 안에 뿌리를 박으며 세움을 받아 교훈을 받은 대로 믿음에 굳게 서서 감사함을 넘치게 하라(골 2:6,7)
　그리스도의 평강이 너희 마음을 주장하게 하라 너희는 평강을 위하여 한 몸으로 부르심을 받았나니 너희는 또한 감사하는 자가 되라 그리스도의 말씀이 너희 속에 풍성히 거하여 모든 지혜로 피차 가르치며 권면하고 시와 찬송과 신령한 노래를 부르며 감사하는 마음으로 하나님을 찬양하고 또 무엇을 하든지 말에나 일에나 다 주 예수의 이름으로 하고 그를 힘입어 하나님 아버지께 감사하라(골 3:15~17)

28. 영적 힘

인생이란
한 치 앞도 예측할 수 없고
계획대로 흘러가지 않는 길이며
기쁨과 슬픔,
희망과 절망이 어우러진 한 편의 시요
정답 없는 여행과 같다.

삶은
때때로 무겁고 벅차지만
잠시 걸음을 멈추고
내 안의 숨 쉬는 공간에서
영적인 힘을 키워야 한다.

그 힘은
눈에 보이진 않지만,
삶을 지탱하고 이끌어 주는
깊은 에너지이다.

그것은
어둠 속에서도 길을 비추는 빛이며,
넘어졌을 때 다시 일어설 수 있게 하는 회복력이고,

삶의 목적과 의미를 깨닫게 하는 통찰이며,
자기 초월과 성장을 이루는 비결이며,
불가능을 가능케 하는 강인한 의지다.

   예수께서 이르시되 할 수 있거든이 무슨 말이냐 믿는 자에게는 능히 하지 못할 일이 없느니라(막 9:23)
   사랑하는 자여 네 영혼이 잘됨 같이 네가 범사에 잘되고 강건하기를 내가 간구하노라(요삼 1:2)
   피곤한 자에게는 능력을 주시며 무능한 자에게는 힘을 더하시나니 소년이라도 피곤하며 곤비하며 장정이라도 넘어지며 쓰러지되 오직 여호와를 앙망하는 자는 새 힘을 얻으리니 독수리가 날개 치며 올라감 같을 것이요 달음박질하여도 곤비하지 아니하겠고 걸어가도 피곤하지 아니하리로다(사 40:29~31)

29. 영혼의 햇살

살다 보면
마음을 둘 곳도,
의지할 곳도 없이
절망에 처하게 될 때가 있다.

마음 깊숙한 곳까지 어둠이 내려와
숨 쉬는 것조차 힘들 때도 있다.

아무리 외쳐 봐도
메아리조차 들리지 않는 적막 속에서,
희망의 불씨마저 보이지 않는 어둠의 길을
깊은 고독에 잠긴 채 헤매게 된다.

마음속으로 통곡의 눈물을 흘리며
소리쳐 보아도 아무런 응답은 없고,
가는 길에 끝이 보이지 않는다며 후회해도 소용없다.

그런 순간,
영혼에 한 줄기 햇살이
따뜻하고 조용하게 스며든다.

그것은 고독에 신음하고
현실의 무게에 절규하던 영혼을
깨우는 햇살이다.

삶에 지쳐 있을 때,
길을 찾지 못해 헤맬 때,
절망의 늪에 빠져 마지막 기력마저 잃어 갈 때,

그 햇살은
나를 포근히 안아 주며
생명의 기운을 불어넣고,
내 영혼에 눌러앉아
절망을 희망으로,
상처를 치유로,
어둠을 빛으로 바꾼다.

    너희가 너희 하나님 나 여호와의 말을 들어 순종하고 내가 보기에 의를 행하며 내 계명에 귀를 기울이며 내 모든 규례를 지키면 내가 애굽 사람에게 내린 모든 질병 중 하나도 너희에게 내리지 아니하리니 나는 너희를 치료하는 여호와임이라(출 15:26)

내가 오늘 하늘과 땅을 불러 너희에게 증거를 삼노라 내가 생명과 사망과 복과 저주를 네 앞에 두었은즉 너와 네 자손이 살기 위하여 생명을 택하고 네 하나님 여호와를 사랑하고 그의 말씀을 청종하며 또 그를 의지하라 그는 네 생명이시요 네 장수이시니 여호와께서 네 조상 아브라함과 이삭과 야곱에게 주리라고 맹세하신 땅에 네가 거주하리라(신 30:19,20)

의인이 부르짖으매 여호와께서 들으시고 그들의 모든 환난에서 건지셨도다 여호와는 마음이 상한 자를 가까이 하시고 충심으로 통회하는 자를 구원하시는도다(시 34:17,18)

30. 생각하며 살라

인생은 흘러가는 세월에 몸을 맡기며
분주하게 살아간다.
왜 사는지,
어디로 가는지도 묻지 않는다.
생각 없이 사는 인생은
나침반 없는 배와 같다.

신앙생활도 마찬가지다.
믿음이란 이름으로
생각 없이 신앙생활을 할 때가 있다.

주일이 되면 습관처럼 교회에 가고,
기도할 때는 입에 익은 말만 되풀이하고,
성경을 읽을 때도 말씀의 의미보다는
"읽는다"는 사실에 만족한다.

신앙은
단순한 종교적 행위가 아닌,
깨어 있는 마음과
깊이 있는 사고를 동반한 삶이다.

주님께서도
항상 사람들에게 질문을 던지셨다.
"너희는 나를 누구라 하느냐?"
"왜 의심하느냐?"
"무엇을 원하느냐?"

믿음이란
단지 감정이나 습관, 교리에 머무는 것이 아니라
"왜"라는 물음을 던지며
생각하고,
분별하며,
살아가는 삶의 태도이다.

오직,
생각하는 신앙은,
세상의 가치와 흐름 속에서 하나님의 뜻을 분별하고,
말씀이 삶에 어떤 의미가 있는지 물으면서
하나님 나라의 가치를 실현하고
세상에서 빛과 소금 같은 존재로 살아가게 한다.

너희는 세상의 소금이니 소금이 만일 그 맛을 잃으면 무엇으로 짜게 하리요 후에는 아무 쓸 데 없어 다만 밖에 버려져 사람에게 밟힐 뿐이니라 너희는 세상의 빛이라 산 위에 있는 동네가 숨겨지지 못할 것이요 사람이 등불을 켜서 말 아래에 두지 아니하고 등경 위에 두나니 이러므로 집 안 모든 사람에게 비치느니라 이같이 너희 빛이 사람 앞에 비치게 하여 그들로 너희 착한 행실을 보고 하늘에 계신 너희 아버지께 영광을 돌리게 하라(마 5:13~16)

깨어 있으라 어느 날에 너희 주가 임할는지 알지 못함이니라(마 24:42)

롯의 처를 기억하라(눅 17:32)

31. 예배

한 주의 삶을 마무리하고
주일 아침을 맞이한다.
마음의 설렘과 환희가
물결 위의 파도처럼 밀려온다.

그것은
하나님께 드려진 예배로
말씀으로 위로와 힘을 얻고
깊은 묵상으로 소통하면서
삶에 지친 영혼이 회복된다.

위로부터 들어오는
따뜻한 격려의 말씀이
버거운 멍에에서 자유롭게 되고,
짓누르던 근심과 걱정은
평안과 안식으로 바뀌며,
마음속에 하나님의 숨결이 내려앉는다.

예배는
세상이 줄 수 없는 참된 평안이며
하나님께 드리는 최고의 헌신이고

우리가 누릴 수 있는 가장 큰 복이다.

끝없이 펼쳐진 광야 같은 인생길에서
내가 결코 혼자가 아님을 깨닫게 된 것은
그것은 바로 예배의 힘 때문이다.

　아버지께 참되게 예배하는 자들은 영과 진리로 예배할 때가 오나니 곧 이때라 아버지께서는 자기에게 이렇게 예배하는 자들을 찾으시느니라(요 4:23)
　그러므로 형제들아 내가 하나님의 모든 자비하심으로 너희를 권하노니 너희 몸을 하나님이 기뻐하시는 거룩한 산 제물로 드리라 이는 너희가 드릴 영적 예배니라(롬 12:1)

32. 깊은 데로 가라

밤새워 그물을 던져 보지만
빈 그물 속에 허무만 쌓이고,
노를 접은 채 그물을 씻는 손끝엔
지친 한숨이 맺히네.

그때
주님이 오셔서
작은 배에 오르시며 전하신 말씀은
물결을 타고 퍼져 나가
마음의 바다에도 빛이 일렁였네.

주님께서
"깊은 데로 가서 그물을 던져라" 하시니,
이성보다 앞선 신뢰로 다시 노를 잡고
말씀에 의지하여 그물을 던지네.

말씀의 흔적이 묻은 그 자리에
기적은 고요히 피어나
그물에 고기로 가득하고
배는 넘치네.

깊은 곳은
믿음과 순종의 자리,
인간의 경험과 이성을 넘는 은총의 자리,
좁은 곳에서 넓은 세상으로 나아가는 도전의 자리,
겸손과 온유로 지적 세계를 넓히는 지리,
자신의 사명을 깨닫고 풍성한 결실을 맺는 자리.

 예수께서 한 배에 오르시니 그 배는 시몬의 배라 육지에서 조금 떼기를 청하시고 앉으사 배에서 무리를 가르치시더니 말씀을 마치시고 시몬에게 이르시되 깊은 데로 가서 그물을 내려 고기를 잡으라 시몬이 대답하여 이르되 선생님 우리들이 밤이 새도록 수고하였으되 잡은 것이 없지마는 말씀에 의지하여 내가 그물을 내리리이다 하고 그렇게 하니 고기를 잡은 것이 심히 많아 그물이 찢어지는지라(눅 5:3~6)
 여호와의 말씀이니라 너희를 향한 나의 생각을 내가 아나니 평안이요 재앙이 아니니라 너희에게 미래와 희망을 주는 것이니라(렘 29:11)
 너의 행사를 여호와께 맡기라 그리하면 네가 경영하는 것이 이루어지리라(잠 16:3)

33. 고난

욥은
경건과 믿음으로 살아가던
의로운 사람이었다.

그러던 어느 날,
그는 인간의 이성으로는
도무지 이해할 수 없는
깊은 고난 속으로 던져졌다.

자녀를 잃고,
재산을 잃고,
건강마저 잃었다.

그를
용광로 같은 시련 속에 넣어
순금처럼 빚어 가시려는
하나님의 계획을
어찌 다 알 수 있겠는가?

그 뜻을 알지 못했기에,
하나님께 항변하고

다투며
원망의 세월을 흘려보냈다.

그런 후,
하나님의 섭리를 깨닫는 순간,
무릎을 꿇고
자신을 '비천한 자'라 자백했다.

그가
새롭게 거듭난 순간,
자신을 괴롭혔던 친구들을 위해 기도하고,
그들의 허물을 감싸안으며,
원수를 용서와 사랑으로 품었다.

그 결과
질병에서 회복되고
이전보다 갑절의 복을 받았다.

고난은
단지 아픔만을 주는 존재가 아니라
내면 깊은 곳에 묻혀 있던 강인함을 발견하고

새로운 피조물로 거듭나게 하며
순금처럼 빛나게 하는
새로운 시작이다.

　내가 가는 길을 그가 아시나니 그가 나를 단련하신 후에는 내가 순금 같이 되어 나오리라(욥 23:10)
　욥이 그의 친구들을 위하여 기도할 때 여호와께서 욥의 곤경을 돌이키시고 여호와께서 욥에게 이전 모든 소유보다 갑절이나 주신지라(욥 42:10)
　시험을 참는 자는 복이 있나니 이는 시련을 견디어 낸 자가 주께서 자기를 사랑하는 자들에게 약속하신 생명의 면류관을 얻을 것이기 때문이라(약 1:12)
　다만 이뿐 아니라 우리가 환난 중에도 즐거워하나니 이는 환난은 인내를 인내는 연단을 연단은 소망을 이루는 줄 앎이로다(롬 5:3,4)
　그런즉 누구든지 그리스도 안에 있으면 새로운 피조물이라 이전 것은 지나갔으니 보라 새것이 되었도다(고후 5:17)

34. 빵과 말씀

빵은
육신의 욕망을 잠시 채워 주지만,
말씀은
공허한 마음과 영혼을 채우며
절망에 빠진 심령에 소망을 심어 준다.

빵은
순간의 허기진 배를 채워 주지만,
말씀은
메마른 영혼을 충만히 채우고,
창조주 하나님과 교제하게 한다.

빵은
미각을 즐겁게 하지만,
말씀은
삶을 윤택하게 하며
생명의 근원이 된다.

빵은
더 많은 탐욕의 길로 이끌지만
말씀은

어둠 속의 빛이 되고
혼돈 속에 질서를 주며
그늘진 곳에 생명의 씨앗을 심게 한다.

빵은
세상의 욕망을 채우지만
말씀은
올바른 가치관으로
미래의 희망을 향해 나아가게 한다.

    사람이 떡으로만 살 것이 아니요 하나님의 입으로부터 나오는 모든 말씀으로 살 것이라(마 4:4)
    너희가 거듭난 것은 썩어질 씨로 된 것이 아니요 썩지 아니할 씨로 된 것이니 살아 있고 항상 있는 하나님의 말씀으로 되었느니라 그러므로 모든 육체는 풀과 같고 그 모든 영광은 풀의 꽃과 같으니 풀은 마르고 꽃은 떨어지되 오직 주의 말씀은 세세토록 있도다 하였으니 너희에게 전한 복음이 곧 이 말씀이니라(벧전 1:23~25)
    오늘 내가 네게 명하는 이 말씀을 너는 마음에 새기고 네 자녀에게 부지런히 가르치며 집에 앉았을 때에든지 길을 갈 때에든지 누워 있을 때에든지 일어날 때에든지 이 말씀을 강론할 것이며 너는 또 그것을 네 손

목에 매어 기호를 삼으며 네 미간에 붙여 표로 삼고 또 네 집 문설주와 바깥 문에 기록할지니라(신 6:6~9)

35. 겨자씨

겨자씨는
작고 보잘것없는 씨앗이며,
존재감조차 없어 보이는 씨앗이다.

그러나 그 속에는
생명의 신비가 응축되어 있어
작은 것에서 위대함이 드러나고,
믿음의 정체성에 대해 말해 준다.

겨자씨 한 알만한 믿음만 있어도
지팡이 하나로 홍해를 가르고,
물맷돌 하나로 골리앗을 무찌르며
산을 명하여 바다로 옮길 수도 있다.

겨자씨 믿음은
처음엔 미약해 보일지라도
지속적인 성장을 통해
기적을 일으키며,
세상을 움직이는 동력이다.

그리고,

누군가에게는 쉼이 되고,
길이 되며,
빛이 된다.

    너희 믿음이 작은 까닭이니라 진실로 너희에게 이르노니 만일 너희에게 겨자씨 한 알 만큼만 있어도 이 산을 명하여 여기서 저기로 옮겨지라 하면 옮겨질 것이요 또 너희가 못할 것이 없으리라 (마 17:20)
    네 시작은 미약하였으나 네 나중은 심히 창대하리라 (욥 8:7)

36. 와 보라

인생의 광야를 홀로 걸어가는 자여,
고독과 슬픔에 잠긴 자여,
가던 길을 잃고 방황하는 자여,
삶에 지치고 상한 심령이여,

주님은
마음에 흐르는 눈물을 이미 아시고,
말 못 할 깊은 탄식을 들으시며,
곤고한 삶을 품으시면서
나를 향해 사랑의 손을 내미신다.

무거운 짐을 내려놓고 평안을 얻는 곳
마음의 빗장을 풀고 기쁨을 느끼는 곳
하늘의 만나와 메추라기가 넘치는 곳
마르지 않는 생명수 강을 체험하는 곳
진정한 안식을 누릴 수 있는
주님의 품으로 와 보라.

그분은
나를 정죄하지 않으시고,
상한 마음을 감싸안으시며,

사랑으로 품으시면서
마음의 천국을 이루게 하신다.

오호라 너희 모든 목마른 자들아 물로 나아오라 돈 없는 자도 오라 너희는 와서 사 먹되 돈 없이 값없이 와서 포도주와 젖을 사라 너희가 어찌하여 양식이 아닌 것을 위하여 은을 달아 주며 배부르게 하지 못할 것을 위하여 수고하느냐 내게 듣고 들을지어다 그리하면 너희가 좋은 것을 먹을 것이며 너희 자신들이 기름진 것으로 즐거움을 얻으리라 너희는 귀를 기울이고 내게로 나아와 들으라 그리하면 너희의 영혼이 살리라 내가 너희를 위하여 영원한 언약을 맺으리니 곧 다윗에게 허락한 확실한 은혜이니라(사 55:1~3)

바리새인들이 하나님의 나라가 어느 때에 임하나이까 묻거늘 예수께서 대답하여 이르시되 하나님의 나라는 볼 수 있게 임하는 것이 아니요 또 여기 있다 저기 있다고도 못하리니 하나님의 나라는 너희 안에 있느니라(눅 17:20,21)

누구든지 목마르거든 내게로 와서 마시라 나를 믿는 자는 성경에 이름과 같이 그 배에서 생수의 강이 흘러나오리라(요 7:37,38)

37. 얼굴

눈가는 촉촉하고
눈물이 맺힌 슬픈 얼굴,

창백하고 수심이 가득한
두려움에 찬 얼굴,

입술은 굳게 다물고
이마에 주름이 깊이 파인 분노의 얼굴,

모든 것을 포기한 듯
생기가 없는 무기력한 얼굴,

환한 미소와 생동감으로 가득 찬
기쁨의 얼굴.

얼굴은
그 사람의 과거의 삶을 보여 주며
현재의 심적 상태를 말해 주고
미래의 삶까지 결정한다.

편안한 얼굴

행복한 얼굴
포용적인 얼굴
진취적인 얼굴은
마음 상태에서 비롯된다.

돌처럼 단단한 탐욕에서 벗어나
잠시 멈추어
자신의 얼굴을 들여다보며
진정한 나의 실상을 마주하라.

평온한 마음은 육신의 생명이나 시기는 뼈를 썩게 하느니라(잠 14:30)
마음의 즐거움은 얼굴을 빛나게 하여도 마음의 근심은 심령을 상하게 하느니라(잠 15:13)
도가니는 은을, 풀무는 금을 연단하거니와 여호와는 마음을 연단하시느니라(잠 17:3)
사람이 교만하면 낮아지게 되겠고 마음이 겸손하면 영예를 얻으리라 (잠 29:23)
지혜자와 같은 자 누구며 사리의 해석을 아는 자 누구냐 사람의 지혜는 그 사람의 얼굴에 광채가 나게 하나니 그 얼굴의 사나운 것이 변하느니라(전 8:1)

38. 영적인 눈

시각장애로 태어나
자연의 아름다움도,
빛의 화려함도,
그리운 사람의 얼굴도
볼 수 없다.

그의 마음에는
한 점의 빛도,
희망도 없다.

삶 자체가 암흑과 슬픔이며,
고통과 절망뿐이다.

주님은
그에게 다가오셔서
말없이 진흙을 이겨
그의 눈에 바르시며
"실로암 못에 가서 씻으라."고 하셨다.

그의 발걸음에는 희망이 깃들고,
마음속 꿈은 현실이 되며,

눈에는 확신의 불꽃이 타오르면서
실로암 못으로 갔다.

그는
'볼 수 있으리라'는 믿음으로
눈에 묻은 진흙을 씻어 내는 순간,
감겼던 눈이 열리면서
세상을 처음으로 만나는
감격의 눈물을 흘린다.

우리의 마음에도
'보이지 않는 눈멂'을 가지고 있다.
미움의 상처로,
분노와 자책으로,
자기 학대와 열등감으로
눈이 가려져 앞을 보지 못한다.

겉으로는 멀쩡해 보일지 몰라도,
속은 캄캄한 밤이다.

이제,

자아를 바라보는 눈,
이웃을 바라보는 눈,
역사를 바라보는 눈을 떠야 한다.

    땅에 침을 뱉어 진흙을 이겨 그의 눈에 바르시고 이르시되 실로암 못에 가서 씻으라 하시니(실로암은 번역하면 보냄을 받았다는 뜻이라) 이에 가서 씻고 밝은 눈으로 왔더라(요 9:6~7)
    눈은 몸의 등불이니 그러므로 네 눈이 성하면 온몸이 밝을 것이요 눈이 나쁘면 온몸이 어두울 것이니 그러므로 네게 있는 빛이 어두우면 그 어둠이 얼마나 더하겠느냐(마 6:22,23)
    네가 말하기를 나는 부자라 부요하여 부족한 것이 없다 하나 네 곤고한 것과 가련한 것과 가난한 것과 눈먼 것과 벌거벗은 것을 알지 못하는도다 내가 너를 권하노니 내게서 불로 연단한 금을 사서 부요하게 하고 흰옷을 사서 입어 벌거벗은 수치를 보이지 않게 하고 안약을 사서 눈에 발라 보게 하라(계 3:17,18)

39. 두려워 말라

바람 한 점 없는 고요한 바다.
항해하기에 더없이 좋은 날씨,
편안한 마음으로 노를 젓는다.

그러나 밤이 깊어지자
갑작스레 폭풍우가 몰아치고,
거센 파도에
배는 침몰 위기에 처한다.

공포에 사로잡혀
앞이 보이지 않는 생사의 갈림길에서
주님께 기도하고
말씀을 묵상해 보아도
죽음의 풍랑은 멈출 기미가 없다.

그때,
누군가 파도를 밟고
바람을 뚫으며
물결 위를 걸어오시면서
"두려워 말라, 나다."라고 했다.

그 말씀에
거센 풍랑이 잦아들고,
삶의 위기에서 자유함을 얻으며,
마음에는 평안과 안식이 찾아온다.

세상의 논리로는 설명할 수 없고,
과학적으로도 입증할 수 없는
기적의 순간이다.

인생의 어두운 밤을 만날 때,
역경의 파도를 마주할 때,
풍랑을 잠잠케 하신 주님을 바라보며
위기 극복의 힘을 키워야 한다.

예수께서 깨어 바람을 꾸짖으시며 바다더러 이르시되 잠잠하라 고요하라 하시니 바람이 그치고 아주 잔잔하여지더라(막 4:39)
내가 애굽 사람에게 어떻게 행하였음과 내가 어떻게 독수리 날개로 너희를 업어 내게로 인도하였음을 너희가 보았느니라 세계가 다 내게 속하였나니 너희가 내 말을 잘 듣고 내 언약을 지키면 너희는 모든 민족 중에서 내 소유가 되겠고 너희가 내게 대하여 제사장 나라가 되며 거룩

한 백성이 되리라(출 19:4~6)

　내가 땅끝에서부터 너를 붙들며 땅 모퉁이에서부터 너를 부르고 네게 이르기를 너는 나의 종이라 내가 너를 택하고 싫어하여 버리지 아니하였다 하였노라 두려워하지 말라 내가 너와 함께 함이라 놀라지 말라 나는 네 하나님이 됨이라 내가 너를 굳세게 하리라 참으로 너를 도와주리라 참으로 나의 의로운 오른손으로 너를 붙들리라(사 41:9,10)

40. 막힌 길

모세는 약속의 땅을 향해 걷는다.
흥분과 설렘, 희망을 품고 걷는다.
낮에는 구름 기둥과 밤에는 불기둥을 따라 걷는다.

기쁨도 잠시,
그들은 더 이상 앞으로 나아갈 수 없다.
뒤에서는 분노한 군대가 쫓아오고,
앞에는 출렁이는 바다가 길을 막는다.

원망과 불평이 전염병처럼 퍼지고,
두려움과 공포가 목을 조여 온다.
젖과 꿀이 흐르는 땅에 대한 꿈은
산산이 부서진다.

모세는
분노한 백성들의 함성을 들으며,
당황한 눈빛으로 하늘을 올려다본다.
"주님, 이제 어떻게 해야 합니까?"

그 질문에 대한 하나님의 대답은 뜻밖이었다.
"왜 내게 부르짖느냐?

앞으로 나아가라."

이것은
문제 앞에서 두려워 말고,
심력의 근육,
뇌의 근육,
영적 근육을 키워
스스로 해결하는 것이다.

모세는
이 진리를 깨닫고
지팡이로 홍해를 내리치자
바다가 갈라졌다.

여호와께서 모세에게 이르시되 너는 어찌하여 내게 부르짖느냐 이스라엘 자손에게 명령하여 앞으로 나아가게 하고 지팡이를 들고 손을 바다 위로 내밀어 그것이 갈라지게 하라 이스라엘 자손이 바다 가운데서 마른 땅으로 행하리라 (출 14:15,16)

41. 망대

따스한 햇볕이 실로암을 비추고,
사람들의 모습은 평화롭다.
오가는 발걸음은 마치 춤을 추는 듯하다.

견고한 망대,
바라볼수록 웅장하여
삶을 기쁘게 한다.

그러나,
어느 날 갑자기 돌이 흔들리고
벽에 금이 가며
그 견고한 망대는 한순간에 무너져 내린다.

누가 알았으랴,
망대가 붕괴할 줄을,
가족이 비통함에 잠길 줄을,
삶의 목적이 흙먼지처럼 사라질 줄을.

사람들은 말했다.
"그들은 벌을 받은 거다."
"하늘이 죄를 심판한 거다."

그러나
무너진 망대는
교만을 깨뜨리고,
자랑을 무너뜨리며,
비방하던 마음을 꺾고,
탐욕을 부수며,
이념을 허물고,
그릇된 사상을 깨뜨린다.

망대는 애절하게 외친다.
"인생은 무너지기 쉬운 탑 같고,
비극은 예고 없이 불어오는 바람 같기에
네 눈 속에 있는 대들보를 보라"

비판을 받지 아니하려거든 비판하지 말라 너희가 비판하는 그 비판으로 너희가 비판을 받을 것이요 너희가 헤아리는 그 헤아림으로 너희가 헤아림을 받을 것이니라 어찌하여 형제의 눈 속에 있는 티는 보고 네 눈 속에 있는 대들보는 깨닫지 못하느냐 보라 네 눈 속에 대들보가 있는데 어찌하여 형제에게 말하기를 나로 네 눈 속에 있는 티를 빼게 하라 하겠느냐(마 7:1~4)

42. 네가 믿느냐

아픔의 눈물을 벗 삼아,
내일의 희망을 바라보며
서로 의지한 채 힘겹게 살아간다.

어둠이 베다니에 찾아오자,
죽음의 바람이 나사로에게 불어온다.

마르다의 입술에서 "주님께서 여기 계셨더라면…"
원망과 탄식의 숨소리,
긴 한숨과 함께 심장을 찍는 절규가 죽음을 뚫고
주님의 마음을 움직인다.

돌문은 닫혔고,
썩은 냄새는 마지막 생명의 불씨마저 꺼뜨린다.

주님은
어둠의 침묵을 찢고 오셔서
"나는 부활이요 생명이니, 나를 믿는 자는 죽어도 산다"고 하신다.

그 말씀은 혼돈의 세상에서
어둠을 빛으로,

죽음을 생명으로 바꾸신다.

"돌을 옮기라."
"나사로야, 나오라."고 외치는 순간,
마른 뼈에 생기가 들어가고,
살이 덧입혀지며,
묶였던 손과 발 사이로 생명이 솟아오르고,
떠났던 영혼이 돌아왔다.

그는 살아났다.
죽음도 그를 붙잡지 못했다.
주님은 묻는다. "이것을 네가 믿느냐?"

예수께서 이르시되 나는 부활이요 생명이니 나를 믿는 자는 죽어도 살겠고 무릇 살아서 나를 믿는 자는 영원히 죽지 아니하리니 이것을 네가 믿느냐(요 11:25,26)

예수께서 이르시되 내가 곧 길이요 진리요 생명이니 나로 말미암지 않고는 아버지께로 올 자가 없느니라(요 14:6)

43. 속삭임

외로이 고난의 길을 걸으며
숨죽여 눈물의 길을 걸을 때도
주님의 눈동자는 나를 향하시네.

거센 파도와 싸우며
마음이 갈기갈기 찢기는 순간에도
내 숨결 속까지 헤아리고 계시네.

하늘보다 높고
바다보다 깊은
근심과 걱정을 품고 살아갈 때도
주님은 내 머리털까지 세시며
지극한 눈빛으로 나를 바라보시며
이름을 부르시네.

세상이 나를 멸시하고
외면한다 할지라도
비록 나는 모래알처럼
작고 부족한 존재라 할지라도
주님은 결코 나를 외면하지 않으시고
사랑의 손길로 붙잡으시네.

오늘도 그 사랑에 기대어
조용히 속삭이네.
"주님, 이 마음 드리오니
머리털까지 세신 사랑으로
나를 붙잡아 주옵소서."

 참새 두 마리가 한 앗사리온에 팔리지 않느냐 그러나 너희 아버지께서 허락하지 아니하시면 그 하나도 땅에 떨어지지 아니하리라 너희에게는 머리털까지 다 세신 바 되었나니 두려워하지 말라 너희는 많은 참새보다 귀하니라(마 10:30~31)
 여호와께서 광야에서 그를 만나시고 황폐한 들에서 호위하시며 보호하시며 자기 눈동자같이 지키셨도다(신 32:10)
 나를 눈동자같이 지키시고 주의 날개 그늘 아래 감추사 내 앞에서 나를 압제하는 악인들과 나의 목숨을 노리는 원수들에게서 벗어나게 하소서(시 17:8,9)

44. 그리 아니하실지라도

다니엘의 세 친구들이
죽음의 불꽃 앞에 선 그날,
공포가 심장을 붙잡고
영혼을 파괴하려 한다.

아무런 잘못도 없건만,
고통의 불길 속으로 몰아간다.

도움을 청할 곳도,
눈물로 하소연할 곳도 없다.

오직,
외로이 혼자 이글거리는 죽음의 문턱에 서서
정신적 번뇌에 빠져 소용돌이친다.

그들은
자신들이 믿는 하나님께서
비록 죽음 앞에서 건져 주시지 아니하실지라도
인간이 만든 우상 앞에 절하거나.
용광로 앞에서 굴복하거나,
세상의 권세 앞에 무릎 꿇지 않으리라.

그분께서
침묵하신다 해도,
그 뜻은 언제나 위대하심을 알기에
주님은 살아 계신 하나님이심을 고백하리라.

믿음은
거래가 아니라 영혼의 선언이며,
보이지 않는 것을 보는 것처럼 믿고 살아가는 것이며,
삶의 방향과 행동을 결정짓는 중요한 내적 요소이며,
순간의 삶을 지탱하는 든든한 버팀목이며,
하나님의 약속을 믿고 순종하는 삶이며,
불 가운데서도 피어나는 생명의 꽃이다.

왕이여 우리가 섬기는 하나님이 계시다면 우리를 맹렬히 타는 풀무불 가운데에서 능히 건져 내시겠고 왕의 손에서도 건져 내시리이다 그렇게 하지 아니하실지라도 왕이여 우리가 왕의 신들을 섬기지도 아니하고 왕이 세우신 금 신상에게 절하지도 아니할 줄을 아옵소서 (단 3:17,18)

그들의 우상들은 은과 금이요 사람이 손으로 만든 것이라 입이 있어도 말하지 못하며 눈이 있어도 보지 못하며 귀가 있어도 듣지 못하며 코가 있어도 냄새 맡지 못하며 손이 있어도 만지지 못하며 발이 있어도 걷지 못하며 목구멍이 있어도 작은 소리조차 내지 못하느니라 우상들을 만드는 자들과 그것을 의지하는 자들이 다 그와 같으리로다 이스라엘아 여호와를 의지하라 그는 너희의 도움이시요 너희의 방패시로다(시 115:4~9)

  네가 네 하나님 여호와의 말씀을 삼가 듣고 내가 오늘 네게 명령하는 그의 모든 명령을 지켜 행하면 네 하나님 여호와께서 너를 세계 모든 민족 위에 뛰어나게 하실 것이라 네가 네 하나님 여호와의 말씀을 청종하면 이 모든 복이 네게 임하며 네게 이르리니 성읍에서도 복을 받고 들에서도 복을 받을 것이며 네 몸의 자녀와 네 토지의 소산과 네 짐승의 새끼와 소와 양의 새끼가 복을 받을 것이며 네 광주리와 떡 반죽 그릇이 복을 받을 것이며 네가 들어와도 복을 받고 나가도 복을 받을 것이니라 … 여호와께서 너를 위하여 하늘의 아름다운 보고를 여시사 네 땅에 때를 따라 비를 내리시고 네 손으로 하는 모든 일에 복을 주시리니 네가 많은 민족에게 꾸어 줄지라도 너는 꾸지 아니할 것이요 여호와께서 너를 머리가 되고 꼬리가 되지 않게 하시며 위에만 있고 아래에 있지 않게 하시리니 오직 너는 내가 오늘 네게 명령하는 네 하나님 여호와의 명령을 듣고 지켜 행하며 내가 오늘 너희에게 명령하는 그 말씀을 떠나 좌로나 우로나 치우치지 아니하고 다른 신을 따라 섬기지 아니하면 이와 같으리라(신 28:1~14)

45. 일어나라

마지막 깊은숨을 몰아쉬고
바람 앞에 촛불 되어
어둠이 숨결마저 잠들게 하네.

가슴속 깊은 곳에
마지막 눈방울이 떨어진 순간
희망도,
기도도 사라지네.

울고 싶어도
흘릴 눈물이 메말라
피를 토하며
원망의 눈빛으로 하늘만 바라보며
통곡의 소리가 진동하네.

그분은 조용히 다가와서
"어찌하여 울며 통곡하느냐.
두려워 말고 믿기만 하라.
소녀는 죽지 않고 잠자고 있을 뿐이다."

그분의 눈에는

생명의 불꽃이 타오르고
가슴에는 포근한 사랑을 품고
손에는 생명을 살리는 기적의 온기가 가득하네.

그분은 소녀의 손을 잡고
"달리다굼, 소녀야, 일어나라."

시간이 멈춘 듯한 정적 속에
소녀의 눈이 떠지고
잠자던 심장은 다시 노래하며
굳었던 몸은 햇살처럼 피어나네.

기쁨과 감격이
홍수처럼 방 안 가득 넘칠 때
질병도,
죽음도
그 사랑을 이길 수 없네.

그 아이의 손을 잡고 이르시되 달리다굼 하시니 번역하면 곧 내가 네
게 말하노니 소녀야 일어나라 하심이라 소녀가 곧 일어나서 걸으니 나

이가 열두 살이라 사람들이 곧 크게 놀라고 놀라거늘 예수께서 이 일을 아무도 알지 못하게 하라고 그들을 많이 경계하시고 이에 소녀에게 먹을 것을 주라 하시니라(막 5:41~43)

이제는 나 곧 내가 그인 줄 알라 나 외에는 신이 없도다 나는 죽이기도 하며 살리기도 하며 상하게도 하며 낫게도 하나니 내 손에서 능히 빼앗을 자가 없도다(신 32:39)

여호와는 죽이기도 하시고 살리기도 하시며 스올에 내리게도 하시고 거기에서 올리기도 하시는도다 여호와는 가난하게도 하시고 부하게도 하시며 낮추기도 하시고 높이기도 하시는도다 가난한 자를 진토에서 일으키시며 빈궁한 자를 거름더미에서 올리사 귀족들과 함께 앉게 하시며 영광의 자리를 차지하게 하시는도다 땅의 기둥들은 여호와의 것이라 여호와께서 세계를 그것들 위에 세우셨도다(삼상 2:6~8)

46. 박넝쿨의 그림자

휘몰아치는 거센 폭풍
분노를 토하듯 덤벼드는 파도
선원들은 두려움에 눈을 감고
목숨을 지키려 마지막 사투를 벌이네.

목숨 같은 귀한 재물
값진 금은보화
눈물을 머금고 바다에 던지네.

부와 탐욕의 무게가
거친 바다를 잠재우지 못하고
삶의 모든 꿈까지 던져 보지만
성난 파도는 더욱 요동치네.

마지막 남은 짐은
하나님의 얼굴을 피해
배 밑창에 숨은 요나였네.

그분의 뜻을 거역한 요나
그분의 사랑을 오해한 요나
믿음의 가치를 착각한 요나.

결국
물고기 뱃속에서
하늘보다 높으신 그분의 뜻
원수마저 품으신 크신 사랑
어둠 속에서도 붙잡아 주신 자비의 손길을 깨닫네.

그러나
주님께서 자라게 하신 박넝쿨 하나
그 잎은 그늘이 되어
요나의 분노 위에 잠시 평화를 드리웠네.

이튿날, 그 기쁨도 잠시
벌레 하나
그 박넝쿨의 뿌리를 물어
그늘은 시들고
요나는 혼미하여 불만은 다시 피어올랐네.

그때, 주님은 물으시네.
'너는 성내는 것이 옳으냐?'
'하루 사이 자라고,
네 손으로 심지도 않은 박넝쿨을 아끼는 네 마음을 생각하라'

하나님 여호와께서 박넝쿨을 예비하사 요나를 가리게 하셨으니 이는 그의 머리를 위하여 그늘이 지게 하며 그의 괴로움을 면하게 하려 하심이었더라 요나가 박넝쿨로 말미암아 크게 기뻐하였더니 하나님이 벌레를 예비하사 이튿날 새벽에 그 박넝쿨을 갉아먹게 하시매 시드니라 해가 뜰 때에 하나님이 뜨거운 동풍을 예비하셨고 해는 요나의 머리에 쪼이매 요나가 혼미하여 스스로 죽기를 구하여 이르되 사는 것보다 죽는 것이 내게 나으니이다 하니라 하나님이 요나에게 이르시되 네가 이 박넝쿨로 말미암아 성내는 것이 어찌 옳으냐 하시니 그가 대답하되 내가 성내어 죽기까지 할지라도 옳으니이다 하니라 여호와께서 이르시되 네가 수고도 아니하였고 재배도 아니하였고 하룻밤에 났다가 하룻밤에 말라 버린 이 박넝쿨을 아꼈거든 하물며 이 큰 성읍 니느웨에는 좌우를 분변하지 못하는 자가 십이만여 명이요 가축도 많이 있나니 내가 어찌 아끼지 아니하겠느냐 하시니라(욘 4:6~11)

47. 나눔의 기적

광야로 밀려오는 사람들
굶주린 눈빛,
목마른 영혼들,
목자 없는 양 떼처럼 방황할 때
주님은 그들을 바라보신다.

그들을 그냥 돌려보낼 수 없어
제자들을 향해
"어디서 떡을 사서 이 사람들을 먹이겠느냐" 묻는다.

안드레는
그 말씀을 듣고
"아이에게 보리떡 다섯 개와 물고기 두 마리가 있나이다."고 대답한다.

작은 손에 들린,
보잘것없는 한 끼 양식
예수님의 손에 담기고
감사 기도가 울려 퍼진다.

떡은 찢기면 찢길수록 차고 넘치고
물고기는 나누면 나눌수록 멈추지 않는다.

모든 이 배부르고,
열두 바구니에 가득 찬다.

기적은 남음으로 증거되고
작은 믿음은 크신 뜻을 담는다.

나눔은 곧 하늘의 문을 열고
삶의 기적을 일으킨다.

  여기 한 아이가 있어 보리떡 다섯 개와 물고기 두 마리를 가지고 있나이다 그러나 그것이 이 많은 사람에게 얼마나 되겠사옵나이까 예수께서 이르시되 이 사람들로 앉게 하라 하시니 그곳에 잔디가 많은지라 사람들이 앉으니 수가 오천 명쯤 되더라 예수께서 떡을 가져 축사하신 후에 앉아 있는 자들에게 나눠 주시고 물고기도 그렇게 그들의 원대로 주시니라 그들이 배부른 후에 예수께서 제자들에게 이르시되 남은 조각을 거두고 버리는 것이 없게 하라 하시므로 이에 거두니 보리떡 다섯 개로 먹고 남은 조각이 열두 바구니에 찼더라(요 6:9~13)
  주라 그리하면 너희에게 줄 것이니 곧 후히 되어 누르고 흔들어 넘치도록 하여 너희에게 안겨 주리라 너희가 헤아리는 그 헤아림으로 너희도 헤아림을 도로 받을 것이니라(눅 6:38)

범사에 여러분에게 모본을 보여준 바와 같이 수고하여 약한 사람들을 돕고 또 주 예수께서 친히 말씀하신 바 주는 것이 받는 것보다 복이 있다 하심을 기억하여야 할지니라(행 20:35)

48. 너는 내 것이라

그분의 형상을 따라
흙으로 지으시고
코에 생기를 불어넣으신 주님.

세상은 끊임없이 짓밟고
삶에 지쳐 쓰러지고 넘어져도
주님은
내가 너를 지명하여 불렀나니, 너는 내 것이라고 하시네.

깊은 어둠 속에서도
물결 속을 걸어갈 때도
강을 건널 때도
불 가운데로 지나갈 때도
주님은
내 손을 놓지 않으시고
내가 너와 함께 하리라고 하시네.

세상이 흔들리고 요동을 쳐도
그분의 언약은 흔들리지 않기에
주님의 말씀 심장에 새기며
감사하며 살아가네.

야곱아 너를 창조하신 여호와께서 지금 말씀하시느니라 이스라엘아 너를 지으신 이가 말씀하시느니라 너는 두려워하지 말라 내가 너를 구속하였고 내가 너를 지명하여 불렀나니 너는 내 것이라 네가 물 가운데로 지날 때에 내가 너와 함께 할 것이라 강을 건널 때에 물이 너를 침몰하지 못할 것이며 네가 불 가운데로 지날 때에 타지도 아니할 것이요 불꽃이 너를 사르지도 못하리니 대저 나는 여호와 네 하나님이요 이스라엘의 거룩한 이요 네 구원자임이라(사 43:1~3)

49. 너희도 가려느냐

말씀이,
영혼과 육체를 찔러 쪼개는 칼이 되어
많은 무리를 가르칠 때,
"이 말씀은 어렵도다, 누가 들을 수 있으랴?" 하며
고개를 저으며 뒤돌아서네.

주님은,
그 마음을 아시고 이르시되,
"이 말이 너희에게 걸림이 되느냐?
육은 무익하나, 내가 너희에게 이르는 말은 영이요, 생명이라."

무리는,
자신의 삶을 윤택하게 하고
영혼을 살리는 말씀에는 무관심하며,
기복적인 말씀에만 목말라하다가
한두 명씩 소리 없이 떠나네.

그때,
주님께서 열두 제자에게 이르시되,
"너희도 가려느냐?"

시몬 베드로가 대답하여 이르되,
"주님, 영생의 말씀이 주께 있사오니
우리가 누구에게로 가오리이까?
우리는 주님께서 하나님의 거룩하신 이심을 믿고 또 알았사옵나이다."

말씀은,
생명이 되어
마른 뼈에 숨결을 불어넣고,
삶의 의미와 가치를 깨닫게 하며,
믿는 자를 영생의 길로 인도하네.

　내가 하늘에서 내려온 것은 내 뜻을 행하려 함이 아니요 나를 보내신 이의 뜻을 행하려 함이니라 나를 보내신 이의 뜻은 내게 주신 자 중에 내가 하나도 잃어버리지 아니하고 마지막 날에 다시 살리는 이것이니라 내 아버지의 뜻은 아들을 보고 믿는 자마다 영생을 얻는 이것이니 마지막 날에 내가 이를 다시 살리리라 하시니라(요 6:38~40)
　하나님의 말씀은 살아 있고 활력이 있어 좌우에 날 선 어떤 검보다도 예리하여 혼과 영과 및 관절과 골수를 찔러 쪼개기까지 하며 또 마음의 생각과 뜻을 판단하나니 지으신 것이 하나도 그 앞에 나타나지 않음이

없고 우리의 결산을 받으실 이의 눈앞에 만물이 벌거벗은 것 같이 드러나느니라(히 4:12,13)

50. 하늘의 음성

주님은
저 높은 산
하나님의 은총이 깃든 그곳에
세 제자를 데리시고 오르시네.

빛처럼 내려온 영광의 순간,
그분의 얼굴은 해같이 빛나고,
옷은 눈처럼 눈부시네.

모든 것이 고요한 가운데,
천국 문이 열리듯
모세와 엘리야, 예수님께서
하늘의 시간 속에 속삭이네.

베드로는 감격에 찬 목소리로
"주님 우리가 여기 있는 것이 좋사오니,
초막 셋을 짓게 하소서…"

그 말이 끝나기도 전에,
홀연히 빛난 구름이 드리우고,
하늘의 음성이 울려 퍼지네.

"이는 내 사랑하는 아들이요,
내 기뻐하는 자니,
너희는 그의 말을 들으라."

제자들은 그 음성을 듣고 엎드려
두려움에 떨고 있을 때,
주님은 손을 내밀어 그들을 일으키시니,
다시 눈을 들었을 때
오직 주님만이 그들과 함께 계셨네.

주님이야말로
신의 성품,
율법과 예언의 완성자 되심을 나타내시고,
죽은 자의 부활과
성도들의 영원한 삶을 보여 주셨네.

내가 진실로 진실로 너희에게 이르노니 내 말을 듣고 또 나 보내신 이를 믿는 자는 영생을 얻었고 심판에 이르지 아니하나니 사망에서 생명으로 옮겼느니라 진실로 진실로 너희에게 이르노니 죽은 자들이 하나님의 아들의 음성을 들을 때가 오나니 곧 이때라 듣는 자는 살아나리라 아버지께서 자기 속에 생명이 있음 같이 아들에게도 생명을 주어 그 속에 있게 하셨고 또 인자됨으로 말미암아 심판하는 권한을 주셨느니라 이를 놀랍게 여기지 말라 무덤 속에 있는 자가 다 그의 음성을 들을 때가 오나니 선한 일을 행한 자는 생명의 부활로, 악한 일을 행한 자는 심판의 부활로 나오리라(요 5:24~28)

51. 지속적인 성장

믿음의 세월이 오래되었건만,
아직도 제자리걸음이네.
가르침을 받은 지 오래되었건만,
여전히 기초에 머물러 있네.

마치
시내산 아래에 머물던 그날처럼,
진리의 불꽃 앞에 나아가기를 두려워하고,
성장이 멈춰 버린 아이처럼
젖만 달라며 울부짖고 있네.

의의 말씀에 익숙하지 못한 자는
미숙한 자고
갓난아이이지만,
단단한 양식은
그리스도의 장성한 분량에 이르기를 바라는 자요,
지각을 사용해 옳고 그름을 분별하는 자네.

믿음은
지속해서 자라야만
하나님과의 관계가 친밀해지고,

심령이 강해져 시련을 이기며,
삶 속에서 참된 자유와 평안을 누리고,
진리의 길을 걷고,
주어진 사명을 감당하게 되네.

　　믿음의 때가 오래되었으므로 너희가 마땅히 선생이 되었을 터인데 너희가 다시 하나님의 말씀의 초보에 대하여 누구에게서 가르침을 받아야 할 처지이니 단단한 음식은 못 먹고 젖이나 먹어야 할 자가 되었도다 이는 젖을 먹는 자마다 어린아이니 의의 말씀을 경험하지 못한 자요 단단한 음식은 장성한 자의 것이니 그들은 지각을 사용함으로 연단을 받아 선악을 분별하는 자들이니라(히 5:12~14)

52. 말씀의 힘

적막이 흐르는 깊은 밤,
길을 잃고 방황할 때
말씀이 빛줄기 되어 길을 밝히신다.

그 말씀은
생명의 숨결이 되어
내 안에 조용히 스며드는,
하늘로부터 임한 거룩한 빛이다.

책망은 사랑의 채찍이며,
교훈은 삶의 이정표요,
의로 교육하심은 구원의 완성을 이루며,
흩어진 생각을 모아 진리의 길로 이끄신다.

이로써
하나님의 사람은
온전하게 되며,
모든 선한 일을 행할 수 있는
능력을 갖추게 된다.

주님의 말씀은

내 영혼 속에서 살아 역사하며,
인생 여정에서 위대한 길이 되어
그 안에서 하나님의 사람으로 살아가게 한다.

주의 말씀은 내 발에 등이요 내 길에 빛이니이다(시 119:105)
모든 성경은 하나님의 감동으로 된 것으로 교훈과 책망과 바르게 함과 의로 교육하기에 유익하니 이는 하나님의 사람으로 온전하게 하며 모든 선한 일을 행할 능력을 갖추게 하려 함이라(딤후 3:16,17)

53. 좋은 땅

들판은 햇살을 가득 머금고,
구름은 속삭이며 길을 열며,
땅은 생명의 씨앗을 품으려 하네.

농부는 한 움큼 씨앗을 쥐고,
설레는 마음으로 발걸음을 내디디며,
바람결에 꿈의 씨앗을 뿌리네.

길가에 떨어진 씨는
사람들의 발소리에 묻히고,
공중의 새들의 먹이가 되네.

돌밭에 내려앉은 씨는
조금은 꿈을 꾸었지만,
깊은 뿌리를 내리지 못한 채
햇살에 그리움처럼 시들어 가네.

가시덤불 사이로 스며든 씨는
화려한 모습을 드러내지만,
세상의 거센 기운에 숨이 막혀
열매를 맺지 못하네.

그러나
좋은 땅에 떨어진 씨는
묵묵히 모진 세파를 견디며,
믿음의 뿌리를 깊이 내리고
삼십 배, 육십 배, 백 배의 열매를 맺었네.

예수님은 "들을 귀 있는 자는 들으라"고 하셨네.
말씀을 듣고, 깨닫고, 행하며,
실력과 능력을 갖추어
영향력 있는 삶을 살고,
넓은 세상으로 나아가
백 배의 열매를 맺기 원하시네.

돌밭에 뿌려졌다는 것은 말씀을 듣고 즉시 기쁨으로 받되 그 속에 뿌리가 없어 잠시 견디다가 말씀으로 말미암아 환난이나 박해가 일어날 때에는 곧 넘어지는 자요 가시 떨기에 뿌려졌다는 것은 말씀을 들으나 세상의 염려와 재물의 유혹에 말씀이 막혀 결실하지 못하는 자요 좋은 땅에 뿌려졌다는 것은 말씀을 듣고 깨닫는 자니 결실하여 어떤 것은 백 배, 어떤 것은 육십 배, 어떤 것은 삼십 배가 되느니라 하시더라(마 13:20~23)

54. 아버지의 품

탕자는
아버지의 그늘에 더는 머물 수 없기에
자기만의 세상을 꿈꾸며
자신의 몫을 챙겨 길을 떠난다.

아버지는
아들의 선택을 존중하며
더 멋진 인생,
더 화려한 삶,
더 위대한 꿈을 이루라며
지지와 격려의 눈빛으로 바라본다.

손에 쥔 것이 많았기에
자신감 넘치게,
거침없이 투자하며
다양한 경험을 쌓고
꿈을 좇아간다.

하지만,
실패와 아픔,
외면과 배신,

절망과 굶주림은
세상살이가 만만치 않음을 느끼게 한다.

고독 속에 찾아온 아버지의 인자한 모습은
재기의 불씨가 되어
또 다른 꿈을 향한 끈으로 다가와
사랑의 품에 안기게 한다.

아버지는
말없이 그를 포근히 품에 안으며
실패의 아픔을 소중한 자산으로 여기라 하시고,
다시금 새로운 용기를 갖고 도전하게 한다.

> 이에 일어나서 아버지께로 돌아가니라 아직도 거리가 먼데 아버지가 그를 보고 측은히 여겨 달려가 목을 안고 입을 맞추니 아들이 이르되 아버지 내가 하늘과 아버지께 죄를 지었사오니 지금부터는 아버지의 아들이라 일컬음을 감당하지 못하겠나이다 하나 아버지는 종들에게 이르되 제일 좋은 옷을 내어다가 입히고 손에 가락지를 끼우고 발에 신을 신기라 그리고 살진 송아지를 끌어다가 잡으라 우리가 먹고 즐기자 이 내 아들은 죽었다가 다시 살아났으며 내가 잃었다가 다시 얻었노라 하니 그들이 즐거워하더라 (눅 15:20~24)

55. 진정한 가치

잔치에 초대받은 사람들
치열한 눈치작전을 벌이며
서로 더 높은 자리에 앉으려 한다.

주님은 조용히 바라보시며 말씀하신다.
"높은 자리에 앉지 말라.
낮은 자리에 앉아라.
너희 중에 누구든지 크고자 하거든, 먼저 남을 섬겨라.
인자가 온 것은 섬김받기보다는 목숨까지 대속물로 주기 위함이다."

주님은
이것을 몸소 실천하기 위해
구유에 태어나시고
검소한 삶을 사시며
제자들의 발을 한 사람씩 씻기시고
마지막 십자가에서 죽임을 당하셨다.

이것이 바로
소외된 이들과 직접 만나시는 인격적인 관계
외적 행동보다 내면의 중심을 중시하시는 삶
힘의 논리가 아닌 섬김의 정신

인종과 성별, 신분을 초월한 평등의 포용성
정죄보다 회복과 진취적 삶을 우선하는 마음
무조건적인 사랑과 용서이다.

이 모든 것이
주님의 삶 전체를 관통하는 핵심 사상이다.

믿음의 진정한 가치는
먼저 섬기려는 마음에 있고,
낮아짐에 있고,
겸손에 있고,
희생 속에 있다.

이것이 바로
삶의 자양분이 되어
신뢰를 쌓고
주님의 정신을 본받아 살아가는
신앙의 여정이다.

너희 중에는 그렇지 않아야 하나니 너희 중에 누구든지 크고자 하는 자는 너희를 섬기는 자가 되고 너희 중에 누구든지 으뜸이 되고자 하는 자는 너희의 종이 되어야 하리라 인자가 온 것은 섬김을 받으려 함이 아니라 도리어 섬기려 하고 자기 목숨을 많은 사람의 대속물로 주려 함이니라(마 20:26~28)

내가 주와 또는 선생이 되어 너희 발을 씻었으니 너희도 서로 발을 씻어 주는 것이 옳으니라 내가 너희에게 행한 것 같이 너희도 행하게 하려 하여 본을 보였노라 내가 진실로 진실로 너희에게 이르노니 종이 주인보다 크지 못하고 보냄을 받은 자가 보낸 자보다 크지 못하나니 너희가 이것을 알고 행하면 복이 있으리라(요 13:14~17)

56. 가치 창출

어느 날,
주인은 긴 여행을 떠나기 전,
세 명의 종을 불러 각자의 재능에 따라
다섯 달란트, 두 달란트 그리고 한 달란트를 맡겼다.

그리고
"내가 돌아올 때 너희가 어떻게 이 재능을 사용했는지 보겠다"라는 말을
남기고
먼 길을 떠났다.

다섯 달란트 받은 자는
주인의 말을 마음에 새기고
즉시 가서
자신의 재능을 발휘하여 일한 끝에
다섯 달란트를 더 벌었다.

두 달란트 받은 자도
즉시 밤잠 자지 않고
땀 흘려 투자하며 노력한 결과
두 배의 이익을 남겼다.

그러나
한 달란트 받은 자는
그 재능을 개발할 생각조차 하지 않고
"주인은 엄한 분이니, 괜히 투자하다가 손해 보면 책망만 들을 것이다"라는
어리석은 생각에 사로잡혀
그것을 땅에 묻고
세월만 흘려보냈다.

오랜 시간이 흐른 후
주인이 돌아와 결산할 때,
다섯과 두 달란트 받은 자는 보고한다.
"주인님, 다섯 개를 받아서 다섯을 더 남겼고,
두 개를 받아서 둘을 더 남겼나이다."

주인은,
"잘했다. 착하고 충성된 종아,
네가 작은 일에 충실하였으니 큰 일을 맡기리라.
내 잔치에 참여하라"라며 아낌없이 칭찬했다.

하지만,
한 달란트 받은 자는 고개를 숙이며 말했다.

"주인님은 심지 않은 데서 거두는 분이기에 원금을 땅에 묻어 잘 보관해 두었습니다. 여기 그 돈입니다."

주인은 탄식하시면서,
"악하고 게으른 종아,
내가 어떤 사람인지 알았으면 은행에라도 맡겨 이자라도 남겼어야 하는 것 아니냐? 그의 달란트를 빼앗아 열 달란트 가진 자에게 주어라.
그리고 이 무익한 자를 바깥 어두운 곳으로 내쫓으라.
거기서 슬피 울며 이를 갈리라"라고 했다.

그러니,
각자의 재능을 갈고닦아 사용하면서
위기를 기회로 바꾸고,
끊임없이 도전하며,
자신의 역량을 개발하여
가치를 창출해야 한다.

> 그 주인이 이르되 잘하였도다 착하고 충성된 종아 네가 적은 일에 충성하였으매 내가 많은 것을 네게 맡기리니 네 주인의 즐거움에 참여할지어다(마 25:21)

57. 이루라

주님은
근본이 하나님이시며,
영광의 보좌에 계셨다.

자기 영광을 붙잡지 않으시고,
그 자리와 권세와 능력을 비우시어
종의 형체를 입고,
사람이 되어 이 땅에 오셨다.

그분은
자신을 낮추시고,
죽기까지 복종하시며,
십자가의 의로운 고통도
사랑으로 감당하셨다.

신앙은
그분에 대한 순간의 감동이 아니라
평생을 진리를 붙잡고 걸어가야 하는 과정이다.

그 과정은
두렵고 떨림으로 구원을 이루는 것이다.

이제는,
예수 그리스도를 마음으로 믿어 의에 이르고,
입으로 시인하여 구원받았다면,
그 칭의의 구원에 머물지 말아야 한다.

행위의 구원을 이루면서
어그러진 세대에 일어나 빛을 발해야 한다.

> 그러므로 나의 사랑하는 자들아 너희가 나 있을 때뿐 아니라 더욱 지금 나 없을 때에도 항상 복종하여 두렵고 떨림으로 너희 구원을 이루라 (빌 2:12)
>
> 너희 안에 이 마음을 품으라 곧 그리스도 예수의 마음이니 그는 근본 하나님의 본체시나 하나님과 동등됨을 취할 것으로 여기지 아니하시고 오히려 자기를 비워 종의 형체를 가지사 사람들과 같이 되셨고 사람의 모양으로 나타나사 자기를 낮추시고 죽기까지 복종하셨으니 곧 십자가에 죽으심이라 (빌 2:5~8)
>
> 일어나라 빛을 발하라 이는 네 빛이 이르렀고 여호와의 영광이 네 위에 임하였음이니라 (사 60:1)

58. 아버지의 뜻

항상 기뻐하라.
먹구름이 몰려오고
눈보라가 휘몰아쳐도,
그 너머의 해를 주관하시는 주님이 계시기에~

쉬지 말고 기도하라.
숨이 멎는 그 순간에도
하늘의 향연이 되어
천상에 울려 퍼지기에~

범사에 감사하라.
비록 이해되지 않고
모든 길이 굽어 보여도
주님은 여전히 나와 함께하시기에~

그러므로,
아버지의 뜻은
항상 기뻐하며
끊임없이 기도하고,
모든 일에 감사하며,
자신의 책임과 의무를 다함으로써

그의 나라와 그의 의를 이루는 것이다.

    항상 기뻐하라
    쉬지 말고 기도하라
    범사에 감사하라
    이것이 그리스도 예수 안에서 너희를 향하신 하나님의 뜻이니라(살전 5:16~18)

59. 행하신 일

구름 한 점 없는 청명한 하늘
그분의 시선이
이 땅을 품고 계시네.

들판의 부는 바람도 그분의 숨결
파도 소리도 주님의 노래
걸음걸음마다
그분의 손길이 먼저 지나가시네.

곡진한 날엔
왜 이리 굽었을까?
탄식할 때도 있지만
그 굽은 길 끝에서
비로소 알게 되네.

하나님이 굽게 하시면 누가 능히 곧게 하랴?
우리는 이해 못 해도
그분은 언제나 선하시며
여호와 이레로 이끄시네.

눈을 들어

하나님의 행하신 일을 보라
그분은 날마다 일하시고
잠잠히 사랑을 심으시며
우리의 가는 길을 인도하시네.

 하나님께서 행하시는 일을 보라 하나님께서 굽게 하신 것을 누가 능히 곧게 하겠느냐 형통한 날에는 기뻐하고 곤고한 날에는 되돌아보아라 이 두 가지를 하나님이 병행하게 하사 사람이 그의 장래 일을 능히 헤아려 알지 못하게 하셨느니라(전 7:13,14)
 너의 하나님 여호와가 너의 가운데에 계시니 그는 구원을 베푸실 전능자이시라 그가 너로 말미암아 기쁨을 이기지 못하시며 너를 잠잠히 사랑하시며 너로 말미암아 즐거이 부르며 기뻐하시리라 하리라(습 3:17)

60. 때와 기회

빠른 경주자라고 해서
언제나 이기는 것도 아니고
용사라 하여도
언제나 전쟁에 승리하지 못하리라.

지혜 있는 자가
떡을 얻지 못하고,
명철한 자라 해도
부를 얻지 못하며,
지식 있는 자가
은총을 입지 못하나니,
모든 일은
때와 기회에 달렸도다.

사람은
자기의 때를 알지 못하나니,
물고기가 재앙의 그물에 걸리고
새가 올무에 걸림 같이,
인생도
재앙의 날이 갑자기 닥치면
거기에 걸리느니라.

그러므로,
교만을 내려놓고
자랑을 멈추며
하늘의 소망을 품고
오늘의 호흡에 감사하라.

   호흡이 있는 자마다 여호와를 찬양할지어다 할렐루야(시 150:6)
   분명히 사람은 자기의 시기도 알지 못하나니 물고기들이 재난의 그물에 걸리고 새들이 올무에 걸림 같이 인생들도 재앙의 날이 그들에게 홀연히 임하면 거기에 걸리느니라(전 9:12)

61. 도끼 날

무딘 도끼로 나무를 치면
팔은 아프고
땀은 온몸을 적시며
호흡은 거칠어지고
시간만 흘러간다.

날을 갈지 않으면
힘만 쓰고도 얻는 게 없고
마음만 조급해지며
연장 탓만 하게 된다.

그러나
지혜로운 사람은
가진 것으로 최선을 다하며
부족한 점을 채우기 위해
쉬지 않고 날을 간다.

그 도끼에
지혜의 손길이 닿는 순간,
예리한 칼날이 되어
작은 힘에도 나무는 쓰러진다.

남 탓,
환경 탓,
연장 탓,
그 모든 핑계를 내려놓는다.

연장은
단지 도구일 뿐,
실력을 쌓고
힘을 키우고
미래를 준비할 때
비로소 빛을 본다.

철 연장이 무디어졌는데도 날을 갈지 아니하면 힘이 더 드느니라 오직 지혜는 성공하기에 유익하니라(전 10:10)
게으른 자는 마음으로 원하여도 얻지 못하나 부지런한 자의 마음은 풍족함을 얻느니라(잠 13:4)
부지런한 자의 경영은 풍부함에 이를 것이나 조급한 자는 궁핍함에 이를 따름이니라(잠 21:5)
여호와의 말씀이니라 너희를 향한 나의 생각을 내가 아나니 평안이요 재앙이 아니니라 너희에게 미래와 희망을 주는 것이니라(렘 29:11)

62. 손을 내밀라

생명의 만나를 그리워하는
안식일 아침.

그는,
벗어 버릴 수 없는 무거운 멍에를 끌고,
비통한 심정으로 마른 손을 숨긴 채 서 있다.

누구도 그를 보려 하지 않고,
그릇된 편견과 오만,
비난과 정죄,
그릇된 율법으로 그를 판단한다.

주님은
애통하는 마음,
긍휼히 여기는 마음,
생명을 품는 마음으로
"손을 내밀라." 말씀하신다.

한 마디 말씀이
말라붙은 세월을 깨우고,
굳은살 속에 불빛을 심으며,

그 안에 천국이 머문다.

사람들은 분노하고,
모의하며,
정죄했지만,
그곳 위에
사랑과 정의와 진리가 머물렀고,
자비는 더욱 넓어졌다.

그분은
다투지 않으셨고,
소리 높이지 않으셨으며,
상한 갈대를 꺾지 않으시고,
꺼져 가는 심지마저 끄지 않으셨다.

희망이 깨어지려 할 때마다,
오히려 조용히
생명의 불,
희망의 불,
미래의 불을 살리셨다.

주님은
삶이 깨어진 마음 위에
여전히 머물고 계시면서
영혼의 침묵을 깨운다.

그리고,
네가 먼저 손을 내밀면
닫힌 마음이 열리고
세상은
조금씩 사랑으로 가득하게 됨을 일깨운다.

  상한 갈대를 꺾지 아니하며 꺼져가는 등불을 끄지 아니하고 진실로 정의를 시행할 것이며 그는 쇠하지 아니하며 낙담하지 아니하고 세상에 정의를 세우기에 이르니 섬들이 그 교훈을 앙망하리라(사 42:3,4)
  한쪽 손 마른 사람이 있는지라 사람들이 예수를 고발하려 하여 물어 이르되 안식일에 병 고치는 것이 옳으니이까 예수께서 이르시되 너희 중에 어떤 사람이 양 한 마리가 있어 안식일에 구덩이에 빠졌으면 끌어내지 않겠느냐 사람이 양보다 얼마나 더 귀하냐 그러므로 안식일에 선을 행하는 것이 옳으니라 하시고 이에 그 사람에게 이르시되 손을 내밀라 하시니 그가 내밀매 다른 손과 같이 회복되어 성하더라(마 12:10~13)

63. 내가 왔다

넓은 들판
목자의 음성 따라
평화롭게 쉬고 있다.

그곳은
근심과 걱정도,
질투와 경쟁도,
악의 세력마저도 없는 낙원이다.

그중에 양 한 마리,
현실 안주를 거부하고
자기만의 세계와
삶의 지경을 넓히기 위해
소리 없이 길을 떠난다.

희망에 부푼 꿈을 붙잡고
이곳저곳,
가고 싶은 곳,
하고 싶은 일을 하며
욕망의 불꽃을 태운다.

꿈은 현실이 되어
더 넓은 야망을 쫓아
자기만의 궁전을 견고히 세운다.

모든 것을 이루었을 때,
삶의 여유를 누리려 할 때,
가시덤불 속에 갇혀
삶의 불꽃이 희미하게 꺼져 간다.

그 순간,
목자는
절망의 울음 섞인 숨결을 들으며 찾아와
손을 내민다.
"애야, 내가 왔다."

그 한마디에
다시 목자의 품에 안기는 양이 된다.

    너희 생각에는 어떠하냐 만일 어떤 사람이 양 백 마리가 있는데 그중의 하나가 길을 잃었으면 그 아흔아홉 마리를 산에 두고 가서 길 잃은

양을 찾지 않겠느냐 진실로 너희에게 이르노니 만일 찾으면 길을 잃지 아니한 아흔아홉 마리보다 이것을 더 기뻐하리라(마 8:12,13)

　너희는 여호와를 만날 만한 때에 찾으라 가까이 계실 때에 그를 부르라 악인은 그의 길을, 불의한 자는 그의 생각을 버리고 여호와께로 돌아오라 그리하면 그가 긍휼히 여기시리라 우리 하나님께로 돌아오라 그가 너그럽게 용서하시리라 이는 내 생각이 너희의 생각과 다르며 내 길은 너희의 길과 다름이니라 여호와의 말씀이니라 이는 하늘이 땅보다 높음 같이 내 길은 너희의 길보다 높으며 내 생각은 너희의 생각보다 높음이니라 이는 비와 눈이 하늘로부터 내려서 그리로 되돌아가지 아니하고 땅을 적셔서 소출이 나게 하며 싹이 나게 하여 파종하는 자에게는 종자를 주며 먹는 자에게는 양식을 줌과 같이, 내 입에서 나가는 말도 이와 같이 헛되이 내게로 되돌아오지 아니하고 나의 기뻐하는 뜻을 이루며 내가 보낸 일에 형통함이니라(사 55:6~11)

64. 거룩한 노래

사막의 대로에 피어난 꽃처럼
한 줄기 길이 열린다.

깨닫지 못한 자는 지나가지 못하고
오직 구속받은 자만이
기쁨이 걸음 삼아 그 위를 걷는다.

그 길엔,
사자도 맹수도 사라지고
두려움은 물러가며
평안과 기쁨만이 가득하다.

눈엔 눈물이 마르고,
입엔 찬양이 흘러넘친다.

그들의 머리 위엔
희락이 면류관처럼 빛나고,
노래는 하늘 높이 치솟으며
슬픔은 바람 따라 사라진다.

시온을 향한 그 발걸음,

거룩한 노래 되어
웃음과 환희만이 남으리라.

    그때에 이리가 어린 양과 함께 살며 표범이 어린 염소와 함께 누우며 송아지와 어린 사자와 살진 짐승이 함께 있어 어린아이에게 끌리며 암소와 곰이 함께 먹으며 그것들의 새끼가 함께 엎드리며 사자가 소처럼 풀을 먹을 것이며 젖 먹는 아이가 독사의 구멍에서 장난하며 젖 뗀 어린 아이가 독사의 굴에 손을 넣을 것이라 내 거룩한 산 모든 곳에서 해 됨도 없고 상함도 없을 것이니 이는 물이 바다를 덮음 같이 여호와를 아는 지식이 세상에 충만할 것임이니라(사 11:6~9)

65. 창조주를 기억하라

곤고한 날이 이르기 전에,
해와 빛과 달과 별들이 어두워지기 전에,
비 뒤에 구름이 다시 일어나기 전에,
하나님을 기억하라.

그날에는
손과 발이 떨리고,
허리는 구부러지며,
이빨은 빠지고,
창밖을 보던 눈은 흐려지며,
청력은 약해져 소리를 잘 듣지 못하고,
이빨이 부실해 음식도 잘 씹지 못하며,
새소리에 잠을 설치고,
목소리는 쇠하여 말도 어렵다.

높은 곳이 두렵고,
몸은 늙어 걷기도 힘들며,
머리카락은 백발이 되고,
몸은 쇠약해 물건 들 힘조차 없으며,
욕망은 사라지고,
죽음이 이르면

조문객들이 오가게 되리라.

육체는 여전히 땅으로 돌아가고,
영혼은 그것을 주신 하나님께로 돌아가기 전에,
너의 창조주를 기억하라.

    그런 날에는 집을 지키는 자들이 떨 것이며 힘 있는 자들이 구부러질 것이며 맷돌질하는 자들이 적으므로 그칠 것이며 창들로 내다보는 자가 어두워질 것이며 길거리 문들이 닫혀질 것이며 맷돌 소리가 적어질 것이며 새의 소리로 말미암아 일어날 것이며 음악하는 여자들은 다 쇠하여질 것이며 또한 그런 자들은 높은 곳을 두려워할 것이며 길에서는 놀랄 것이며 살구나무가 꽃이 필 것이며 메뚜기도 짐이 될 것이며 정욕이 그치리니 이는 사람이 자기의 영원한 집으로 돌아가고 조문객들이 거리로 왕래하게 됨이니라(전 12:3~5)

66. 땀 흘린 자

아침 햇살이 포도밭을 비출 때,
주인은 거리를 나서 일꾼을 부르네.
하루 한 데나리온의 품삯을 약속하네.

또다시,
세 시에도, 여섯 시에도,
아홉 시, 심지어 열한 시에도
아무도 부르지 않던 이들을 찾아
그 손을 잡아 끌어 주네.

마침내 해가 저물고 땅이 어두워질 때,
주인은 모두를 불러 세우고
마지막에 온 자부터 시작해
처음 온 자까지 품삯을 손에 쥐여 주네.

모두가 똑같은 데나리온 하나.
"어찌 이럴 수 있는가?"

먼저 온 자들의 탄식 속에
주인은 조용히 말하네.

"친구여, 내가 네게 불공평하냐?
나는 내 것으로 내 뜻대로 주노라.
마지막 된 자가 먼저 되고,
먼저 된 자가 나중 되리라."

은혜는 계산이 아니고,
사랑은 거래가 아니며,
하나님 나라는
땀 흘린 자의 것이네.

　주인이 그중의 한 사람에게 대답하여 이르되 친구여 내가 네게 잘못한 것이 없노라 네가 나와 한 데나리온의 약속을 하지 아니하였느냐 네 것이나 가지고 가라 나중 온 이 사람에게 너와 같이 주는 것이 내 뜻이니라 내 것을 가지고 내 뜻대로 할 것이 아니냐 내가 선하므로 네가 악하게 보느냐 이와 같이 나중 된 자로서 먼저 되고 먼저 된 자로서 나중 되리라(마 20:13~16)
　눈가림만 하여 사람을 기쁘게 하는 자처럼 하지 말고 그리스도의 종들처럼 마음으로 하나님의 뜻을 행하고 기쁜 마음으로 섬기기를 주께 하듯 하고 사람들에게 하듯 하지 말라(엡 6:6,7)

67. 십자가

홀로 서 있는 십자가는,
절규와 비애,
절망과 저주,
형벌과 죽음이다.

그러나
주님께서 지신 십자가는,
인격과 희생,
용서와 사랑,
존경과 명예,
책임과 승리,
부활과 영생의 능력이다.

　　누구든지 나를 따라오려거든 자기를 부인하고 자기 십자가를 지고 나를 따르라(마 16:24)
　　십자가의 도가 멸망하는 자들에게는 미련한 것이요 구원을 받는 우리에게는 하나님의 능력이라(고전 1:18)
　　내가 그리스도와 함께 십자가에 못 박혔나니 그런즉 이제는 내가 사는 것이 아니요 오직 내 안에 그리스도께서 사시는 것이라 이제 내가 육체 가운데 사는 것은 나를 사랑하사 나를 위하여 자기 자신을 버리신 하나님의 아들을 믿는 믿음 안에서 사는 것이라(갈 2:20)

68. 사랑의 힘

괴로움에 지친 자
눈물로 호소하는 자
질병으로 절규하는 자
세상으로부터 버림받은 자를
외면하지 않으시고
사랑으로 품으시네.

채찍으로 휘두르고
침을 뱉고
뺨을 때리며
십자가에 못 박은 자들도
사랑으로 품으시네.

머리에 가시관을 쓰시고
십자가에 매달려
피 한 방울 남김없이 쏟으시며
마지막 옆구리에 창을 찔리는 순간에도
'저들을 용서하소서'라며
눈물로 그 영혼을 품으시네.

평소에 "원수를 사랑하라"라면서

몸소 실천하신 주님은
사랑은 칼보다 예리하고
죽음보다 강함을 보여 주시네.

오직,
주님의 사랑만이
사람의 마음을 움직이고
세상을 변화시키는
유일한 희망이네.

나는 너희에게 이르노니 너희 원수를 사랑하며 너희를 박해하는 자를 위하여 기도하라(마 5:44)

하나님이 세상을 이처럼 사랑하사 독생자를 주셨으니 이는 그를 믿는 자마다 멸망하지 않고 영생을 얻게 하려 하심이라(요 3:16)

새 계명을 너희에게 주노니 서로 사랑하라 내가 너희를 사랑한 것 같이 너희도 서로 사랑하라(요 13:34)

예수께서 이르시되 아버지 저들을 사하여 주옵소서 자기들이 하는 것을 알지 못함이니이다 하시더라(눅 23:34)

69. 그날을 준비하라

무화과나무 가지가
햇살에 젖어 연해질 때,
종말의 시간이 새겨지고
그 잎사귀의 속삭임마다
여름은 이미 왔다고 소리치네.

고요한 바람의 끝에서
계절은 숨을 고르고,
세상의 끝자락에서
시간은 경계를 흔드네.

잎새는 말이 없지만,
그 속삭임은 분명하네.
"그분이 오신다, 문 앞에 계신다."

미혹하는 자는 많아지고,
그리스도라 말하는 거짓 입술이 난무하며,
전쟁의 소문이 산을 울리네.

민족은 민족을 거슬러 일어나고,
지진이 땅을 흔들며,

전염병은 창궐하고,
기근은 사람들의 영혼까지 신음하게 하네.

그때
너희는 환난에 넘겨지고,
미움을 받고,
죽임을 당하며,
믿음은 흔들리고,
사랑은 식어 가네.

그러나,
끝까지 견디는 자는
구원을 얻고,
깨어 있는 자는
그날을 준비하네.

　그날 환난 후에 즉시 해가 어두워지며 달이 빛을 내지 아니하며 별들이 하늘에서 떨어지며 하늘의 권능들이 흔들리리라 그때에 인자의 징조가 하늘에서 보이겠고 그때에 땅의 모든 족속들이 통곡하며 그들이 인자가 구름을 타고 능력과 큰 영광으로 오는 것을 보리라 그가 큰 나팔 소리와 함께 천사들을 보내리니 그들이 그의 택하신 자들을 하늘 이 끝에서 저 끝까지 사방에서 모으리라 무화과나무의 비유를 배우라 그 가지가 연하여지고 잎사귀를 내면 여름이 가까운 줄을 아나니 이와 같이 너희도 이 모든 일을 보거든 인자가 가까이 곧 문 앞에 이른 줄 알라(마 24:29~33)

노아의 때와 같이 인자의 임함도 그러하리라 홍수 전에 노아가 방주에 들어가던 날까지 사람들이 먹고 마시고 장가 들고 시집 가고 있으면서 홍수가 나서 그들을 다 멸하기까지 깨닫지 못하였으니 인자의 임함도 이와 같으리라(마 24:37~39)

또 이르시되 민족이 민족을 나라가 나라를 대적하여 일어나겠고, 곳곳에 큰 지진과 기근과 **전염병**이 있겠고 또 무서운 일과 하늘로부터 큰 징조들이 있으리라(눅 21:10,11)

볼지어다 그가 구름을 타고 오시리라 각 사람의 눈이 그를 보겠고 그를 찌른 자들도 볼 것이요 땅에 있는 모든 족속이 그로 말미암아 애곡하리니 그러하리라 아멘(계 1:7)

또 내가 보니 흰 구름이 있고 구름 위에 인자와 같은 이가 앉으셨는데 그 머리에는 금 면류관이 있고 그 손에는 예리한 낫을 가졌더라(계 14:14)

70. 빈 무덤

뜬눈으로 밤을 지새우며 새벽을 기다린 여인
새벽빛 따라
차디찬 무덤을 향해
고요히 발걸음을 옮기네.

어디선가 속삭이듯 들려오는 음성
"어찌하여 우느냐?"

살아 계신 주님을
죽은 자 가운데서 찾으려는
어리석음을 일깨우네.

빈 무덤은
끝이 아닌 시작,
죽음이 부활로 바뀌는 관문,
영원한 생명으로 들어가는 문이 되었네.

잠자는 자들의 첫 열매가 되신 주님,
사망을 이기시고
영원한 생명을 안겨 주셨네.

내가 진실로 진실로 너희에게 이르노니 내 말을 듣고 또 나 보내신 이를 믿는 자는 영생을 얻었고 심판에 이르지 아니하나니 사망에서 생명으로 옮겼느니라(요 5:24)

보라 내가 너희에게 비밀을 말하노니 우리가 다 잠잘 것이 아니요 마지막 나팔에 순식간에 홀연히 다 변화되리니 나팔 소리가 나매 죽은 자들이 썩지 아니할 것으로 다시 살아나고 우리도 변화되리라 사망아 너의 승리가 어디 있느냐 사망아 네가 쏘는 것이 어디 있느냐 사망이 쏘는 것은 죄요 죄의 권능은 율법이라(고전15:51~56)

71. 승천

누구도 책임질 수 없는 선악과의 고통
독생자로 오셔서 세상의 죄를 지시고
저주와 사망의 문제를 해결하셨네.

하늘의 빛이 가득한 부활의 영광
사십 일 동안 말씀으로 빛을 심으시고
마지막으로,
"내가 너희에게 분부한 모든 것을 가르쳐 지키게 하라"고 하시네.

그때,
하늘 문이 열리고
구름이 길이 되어
사랑하는 제자들이 보는 가운데
하나님 품에 안기시네.

주님은 떠나신 것이 아니라
성령으로
우리 안에 머무시면서
"내가 세상 끝날까지 너희와 항상 함께 있으리라"고 약속하시네.

오직 성령이 너희에게 임하시면 너희가 권능을 받고 예루살렘과 온 유대와 사마리아와 땅끝까지 이르러 내 증인이 되리라 하시니라 이 말씀을 마치시고 그들이 보는데 올려져 가시니 구름이 그를 가리어 보이지 않게 하더라 올라가실 때에 제자들이 자세히 하늘을 쳐다보고 있는데 흰옷 입은 두 사람이 그들 곁에 서서 이르되 갈릴리 사람들아 어찌하여 서서 하늘을 쳐다보느냐 너희 가운데서 하늘로 올려지신 이 예수는 하늘로 가심을 본 그대로 오시리라 하였느니라 (행1:8~11)

내가 너희에게 분부한 모든 것을 가르쳐 지키게 하라 볼지어다 내가 세상 끝날까지 너희와 항상 함께 있으리라 하시니라 (마 28:20)

72. 내가 속히 오리라

하늘의 천군 천사의 소리가
온 천지를 진동시키고,
큰 우렛소리가
"주 하나님, 곧 전능하신 이가 통치하시도다!" 하고 외치네.

그 소리에
세상은 잠잠해지고,
두려움과 공포만 가득하네.

하늘 문이 열리면서,
찬란한 광채 속에서 백마 탄 주님은
위엄과 권세로 영광 중에 오시네.

그 눈은 불꽃 같고,
그 머리에는 많은 면류관이 있으며,
하늘에 있는 천군 천사들이
희고 깨끗한 세마포를 입고
백마를 타고 주님을 따르네.

그의 입에서 나오는 말씀은
예리한 검이 되어

진리와 공의로 세상을 심판하며,
맹렬한 진노의 포도주 틀을 밟을 때,
세상은 그 앞에 무릎 꿇고
심장이 멈추듯 탄식만 쏟아 내네.

그분은
만왕의 왕이요, 만주의 주시라.

그날에는
슬픔도, 눈물도, 질병도, 사망도 사라지고
새 하늘과 새 땅에서
주님과 함께 영원히 살게 되네.

그곳은
계절마다 생명나무 열매를 먹으며,
해와 달의 비침이 필요 없고,
하나님의 빛이 세세토록 임하네.

아멘,
주 예수여 오시옵소서.

보라 내가 속히 오리니 내가 줄 상이 내게 있어 각 사람에게 그가 행한 대로 갚아 주리라 나는 알파와 오메가요 처음과 마지막이요 시작과 마침이라 자기 두루마기를 빠는 자들은 복이 있으니 이는 그들이 생명나무에 나아가며 문들을 통하여 성에 들어갈 권세를 받으려 함이로다 (계 22:12~14)

내가 진실로 속히 오리라 하시거늘 아멘 주 예수여 오시옵소서(계 22:20)

마음의 꽃이 피어날 때

ⓒ 김춘식, 2025

초판 1쇄 발행 2025년 8월 28일

지은이	김춘식
펴낸이	이기봉
편집	좋은땅 편집팀
펴낸곳	도서출판 좋은땅
주소	서울특별시 마포구 양화로12길 26 지월드빌딩 (서교동 395-7)
전화	02)374-8616~7
팩스	02)374-8614
이메일	gworldbook@naver.com
홈페이지	www.g-world.co.kr

ISBN 979-11-388-4627-1 (03230)

- 가격은 뒤표지에 있습니다.
- 이 책은 저작권법에 의하여 보호를 받는 저작물이므로 무단 전재와 복제를 금합니다.
- 파본은 구입하신 서점에서 교환해 드립니다.